Notenbeispiel 15: »Weihnachtsbotschaft«.

Schnell gerät man bei einer Phalanx von Kritikern und deren Überzeugung, zeitgenössische Musik müsse den Stempel einer avantgardistischen »l'art pour l'art«-Gesinnung tragen, unter Verdacht, nicht innovativ, ja sogar kunstgewerblich, altmodisch-handwerklich oder unseriös zu sein. Nicht umsonst existiert bis heute eine große Kluft zwischen zeitgenössischer Musik und dem in erster Linie nach geistreicher Unterhaltung suchenden Konzertbesucher. Meinrad Schmitts Wer-

Komponisten in Bayern
Dokumente musikalischen Schaffens
im 20. und 21. Jahrhundert

Begründet von
Alexander L. Suder

Herausgegeben im Auftrag des
Tonkünstlerverbandes Bayern e. V. im DTKV
von Theresa Henkel und Franzpeter Messmer

Band 59: Meinrad Schmitt

H. Hofmann-Sieber   F. Messmer   G. Puffer
M. Schmitt   P. Wittrich

Meinrad Schmitt

Allitera Verlag

Kuratorium:
Oswald Beaujean, Bayerischer Rundfunk
Linde Dietl, Tonkünstlerverband Bayern e. V.
Richard Heller, Tonkünstlerverband Bayern e. V.
Theresa Henkel, Herausgeberin
Dr. Dirk Hewig, Deutscher Tonkünstlerverband e. V.
Herbert Hillig, Ministerialrat, beratendes Mitglied als Vertreter des
  Bayerischen Staats-ministeriums für Bildung und Kultus, Wissenschaft und Kunst
Arno Leicht, Hochschule für Musik Nürnberg
Axel Linstädt, Deutscher Komponistenverband
Dr. Franzpeter Messmer, Herausgeber, Vorsitzender
Dr. Robert Münster, Herausgeber der *Musica Bavarica*
Dr. Reiner Nägele, Musiksammlung der Bayerischen Staatsbibliothek
Dr. Helga-Maria Palm-Beulich, Musikwissenschaftlerin
Prof. Dr. Hartmut Schick, Universität München und Gesellschaft für
  Bayerische Musikgeschichte
Dr. Bernhold Schmid, Bayerische Akademie der Wissenschaften
Prof. Dr. Stephan Schmitt, Hochschule für Musik und Theater München
Dr. Wolf-Dieter Seiffert, Verleger
Alexander Strathern, Verleger
Prof. Dr. Alexander L. Suder, Ehrenvorsitzender

Vorstand des Tonkünstlerverbandes Bayern e. V. im DTKV:
Vorsitzender: Dr. Franzpeter Messmer, München
1. Stellvertretender Vorsitzender: Steffen Zeller, Würzburg
2. Stellvertretende Vorsitzende: Prof. Michaela Pühn, München
Ehrenvorsitzende: Prof. Dr. Alexander L. Suder, Dr. Dirk Hewig, München
Schatzmeister: Dr. Wolfram Göbel, München
Schriftführer: Matthias Edler von Pollak, Passau

Die Buchreihe »Komponisten in Bayern« wird vom Bayerischen Staatsministerium für Bildung und Kultus, Wissenschaft und Kunst sowie der GEMA-Stiftung unterstützt und gefördert.

November 2015
Allitera Verlag
Ein Verlag der Buch&media GmbH
© 2015 Buch&media GmbH
© 2015 der Einzelbeiträge bei den AutorInnen
Herstellung: Friedrich Wall, Freienbrink
Titelfoto: Meinrad Schmitt (Foto: Christine Metz)
Printed in Europe · ISBN 978-3-86906-830-5

Inhaltsverzeichnis

Vorwort zum 59. Band 7

Gabriele Puffer
Biografische Notizen zu Meinrad Schmitt 9

Franzpeter Messmer
Der Komponist ist in Wirklichkeit ein Tonsetzer
Gespräch mit Meinrad Schmitt 21

Helga Hofmann-Sieber
Meinrad Schmitt: Seine künstlerische Arbeit für das Pegasus-Theater ... 35

Meinrad Schmitt
Komponieren für Harfe 45

Meinrad Schmitt
Musik für Kinder 48

Bildteil 51

Franzpeter Messmer
Es könnte eine zukunftsweisende Sache sein 63

Peter Wittrich
Melodischer Instinkt und handwerkliches Kalkül 87

Gabriele Puffer
Meinrad Schmitts Kompositionen für Orchester 115

Peter Wittrich
Komponieren für »Kenner, Könner und Liebhaber« 128

Werkverzeichnis 154
Diskografie 164
Literaturverzeichnis (Auswahl) 165
Über die Autoren 167
Personenregister 169

Zu diesem Band gehört eine CD, die Werke von Meinrad Schmitt enthält. Sie bietet damit zum Teil eine akustische Ergänzung zum analytischen Teil des Buchs. Die CD kann zum Preis von 15,- Euro zuzüglich Versandspesen beim Tonkünstlerverband Bayern e. V. im DTKV, Sandstraße 31, 80335 München, E-Mail: info@dtkvbayern.de, bestellt werden.

Vorwort
zum 59. Band

Meinrad Schmitt sieht sich nicht primär als Revolutionär, sondern als ein »Tonsetzer«, der die Errungenschaften der Neuen Musik handwerklich fundiert zu einer eigenen Tonsprache formt, die von Schönheit, einer breiten Ausdrucksskala und einem großen Klangfarbenspektrum bestimmt wird. Ein wichtiger Schaffensimpuls für Meinrad Schmitt ist das Musiktheater. Seinen Stil prägt eine eindrucksvolle und spannungsvolle musikalische Dramaturgie, auch in der Kammermusik. Meinrad Schmitts Musik geht zu Herzen, was bei einem Komponisten unserer Zeit nicht selbstverständlich ist.

Die ihn maßgeblich prägenden Lehrer waren Harald Genzmer und Mark Lothar. Zwar macht er bei der melodischen Gestaltung durchaus von der Zwölftontechnik Gebrauch, aber die Akkorde und Klänge setzen in der Form einer freien und sehr erweiterten Tonalität die Traditionen des Tonsatzes fort.

Im Musikbetrieb betont er seine Eigenständigkeit, ist weder ein Avantgardist noch Traditionalist. Materiell unabhängig aufgrund seiner Lehrtätigkeit an der Münchner Hochschule für Musik und Theater konnte er konsequent seinen eigenen Weg gehen. Dieser Weg führte ihn weg von der Großstadtkultur. Zwar zählen zahlreiche renommierte Kammermusikensembles und Solisten zu begeisterten Interpreten seiner Musik, doch genauso wichtig wie die professionellen Künstler sind ihm Kinder, Jugendliche und Laien. Ausgehend vom Orff-Schulwerk komponierte er Kinder- und Jugendopern. Für das von ihm jahrelang geleitete Pegasus-Theater in Aichach schuf er erstaunliche Musiktheaterwerke. Er führt in seinen Kompositionen Laien- und professionelle Musiker zu gemeinsamen Aufführungen zusammen.

Musik, insbesondere Neue Musik, hat nur eine Zukunft, wenn sie Kindern, Jugendlichen und erwachsenen Laien durch eigenes Musizieren vertraut wird. Lange bevor Opernhäuser und Orchester ihre Jugendprogramme entwickelten, war Meinrad Schmitt hier schon aktiv: Er ist ein Pionier der Musikvermittlung, der Kinder- und Jugendarbeit – und zugleich einer der tiefsten, ehrlichsten und inspirierendsten Komponisten unserer Zeit.

Theresa Henkel
Franzpeter Messmer

Herausgeber

Gabriele Puffer

BIOGRAFISCHE NOTIZEN ZU MEINRAD SCHMITT

Musik war zunächst eigentlich mit Theater verbunden

Meinrad Schmitt wird am 21. Dezember 1935 in Wasserburg am Inn geboren und verbringt dort seine Kindheit. Die Eltern, Alfons (1898–1995) und Betty Schmitt (1906–1989), setzen alles daran, ihren beiden Söhnen eine gute Ausbildung zu ermöglichen. Sie sollen das Gymnasium absolvieren, das Abitur ablegen, studieren. Den Eltern blieben derlei Chancen verschlossen: Die Mutter entstammt einer alteingesessenen Oberpfälzer Bauernfamilie, in der höherer Bildung für ein Mädchen keine Bedeutung beigemessen wird. Der Vater ist vielfältig begabt, aber seit seiner Kindheit gezeichnet durch die Folgen einer Polio-Erkrankung – damals Anlass genug, ihm eine akademische Ausbildung zu verweigern. Alfons Schmitt arbeitet in der Wasserburger Stadtverwaltung, bringt es im Laufe der Jahre zum zweiten Bürgermeister und fördert seine beiden Söhne Leo (1930–2005) und Meinrad nach Kräften. Dabei liegen zwei Tendenzen im Widerstreit: Einerseits verlangt der Vater den Jungen mit großer Strenge Disziplin und gute schulische Leistungen ab. Andererseits gibt er seinen Söhnen eine tief verwurzelte Liebe zu Theater, Musik, Literatur und bildender Kunst mit ins Leben.

Zum prägenden Element in Meinrad Schmitts Kindheit wird ein Puppentheater, das der Vater für seine Kinder baut. Die Figuren schnitzt er in langen Nachtwachen während des Kriegs und bemalt sie, angekleidet werden sie von der Mutter. So kommt im Laufe der Zeit ein Ensemble aus etwa zwei Dutzend Handpuppen zusammen, ausdrucksstarke, mit großer Liebe zum Detail gestaltete Charaktere. Zunächst für die Söhne, später gemeinsam mit ihnen, werden Kulissen gebaut, geeignete Stücke gesucht oder selbst geschrieben, musikalische Zwischenspiele ergänzt. Meinrad Schmitt erinnert sich: *Das waren ganz frühe Eindrücke, dass Theater und Musik verbunden waren. Und ich glaube, das hat mich auch immer weiter begleitet.*[1]

Anfang der 1950er-Jahre tritt die Familie Schmitt schließlich mit einem Singspiel an die Wasserburger Öffentlichkeit: Alfons Schmitt verfasst das Textbuch der »Listigen Dalila«, Leo Schmitt gründet eine Laientheatergruppe, zeichnet

---

[1] Meinrad Schmitt in einem Gespräch, das die Autorin am 6. August 2014 mit ihm führte. Zitate im Text stammen, soweit nicht anders vermerkt, aus diesem Interview.

für Ausstattung und Kostüme verantwortlich und übernimmt eine der Hauptrollen. Der 15-jährige Meinrad komponiert die Musik und verliebt sich während der Probenarbeit unsterblich in die Hauptdarstellerin. Fotografien der Aufführung zeigen ein farbenprächtig-exotisch ausstaffiertes junges Ensemble. Die Wasserburger Presse titelt: *Der Vater schrieb das Libretto, der Sohn die Musik.* Es folgen weitere Inszenierungen, darunter Albert Lortzings »Waffenschmied« und Hugo von Hofmannsthals »Großes Salzburger Welttheater«. Theater ist für alle Familienmitglieder stets »Theater mit Musik«. Leo und Meinrad Schmitt führen die Aktivitäten ihrer Jugendjahre über viele Jahrzehnte weiter, gemeinsam als junge Lehrer am Augsburger Gymnasium bei St. Stephan, später getrennt mit eigenen Laienensembles. Livemusik ist fester Bestandteil aller Aufführungen.

Der Einfluss der frühen und fortwährenden Beschäftigung mit Theater und Musik reicht weit in Meinrad Schmitts kompositorisches Schaffen hinein: *Alles, was ich schreibe, stammt irgendwo schon von »Theatralik« im weitesten Sinn des Wortes her. Bei aller rein musikimmanenten Konzeption, irgendwo ist da auch eine Dramaturgie. Dass Theater und Musik in der Zeit ablaufen, ist ja eine Binsenwahrheit; das ist ganz anders als bei einem Bild. Sie sind gewissermaßen »Zeitkunst«, deshalb finde ich es immer sehr wichtig, darauf zu achten, dass die Spannungsverläufe stimmen.*

Musik als Überlebenselixier

1946 wird Meinrad Schmitt ins Erzbischöfliche Studienseminar St. Michael nach Traunstein geschickt. Damals leben etwa 180 Zöglinge in der Institution. Ihre altsprachlich-humanistische Schulausbildung erhalten die Jungen am Staatlichen Gymnasium Traunstein; im Internat gibt es zusätzlich Sport- und Musikunterricht. Ergänzend zum Klavierunterricht wird Meinrad Schmitt nun im Orgelspiel unterwiesen. Das Musizieren wird für den Buben zum *Überlebenselixier* – eröffnet es doch eine der wenigen Möglichkeiten, im Internatsalltag auch einmal alleine zu sein. Meinrad Schmitt schläft mit 35 bis 40 anderen Jungen in einem Schlafsaal, arbeitet nachmittags mit bis zu 60 Mitschülern in einem der drei Studiersäle, ist beim Essen, beim Kirchgang und sämtlichen Verrichtungen des täglichen Lebens stets in Gesellschaft. Wer sich im Internat musikalisch betätigt, bekommt ab und an ein Übezimmer. Das Dasein als Organist ist mit dem Privileg verbunden, regelmäßig auf der Orgelempore der Seminarkirche üben zu können und auch während der Gottesdienste dort oben für sich zu sein. *Ich würde sagen, insofern hat die Orgel dazu beigetragen, dass ich die Zeit im Internat einigermaßen ohne nachhaltige psychische Störungen überlebt habe.*

Meinrad Schmitt verbringt zahllose Stunden auf der Orgelbank, weniger übend als improvisierend, große Literatur und neue Klangwelten erkundend: *Ich weiß noch gut, wie eines Tages der Pater Spiritual auf die Empore gestürzt kam: »Bub, Bub, Bub, doch nicht so laut!« Da hab' ich gedacht: Jetzt schalt' ich mal das ganze Werk ein, das volle Werk, und das war berauschend! Diese Wucht! Das war einfach fantastisch!* Der begabte Musiker avanciert rasch zum »Hausorganisten« der Seminarkirche, spielt regelmäßig bei Gottesdiensten und zunehmend bei größeren, öffentlichen Anlässen wie Pontifikalmessen und Primizfeiern. Dass er in späteren Jahren kaum für Orgel komponiert, kann sich Meinrad Schmitt angesichts seiner frühen und anhaltenden Liebe zum Instrument selbst nicht recht erklären: *Ich glaube, für die Orgel habe ich aus Respekt vor der erdrückend großartigen Literatur, die es nun wirklich gibt, nichts geschrieben.*

Das katholische Internat bietet dem jungen Meinrad Schmitt Bildungs- und Lernmöglichkeiten, die ihm sonst wahrscheinlich kaum zugänglich wären. Je älter er wird, desto mehr spürt er aber auch die Grenzen, die die Umgebung seinem Lern- und Entfaltungsdrang setzt. Im Rückblick wird er von einer *geistigen Ghettosituation* sprechen. Der Klavierunterricht ist inhaltlich beschränkt auf Bach und die Klassiker, Musik der Romantik fehlt ebenso wie die des 20. Jahrhunderts. Auf der Orgel spielt der Junge die großen Meister des Barock, allen voran wieder Johann Sebastian Bach, und Kirchenmusik im Geiste des Cäcilianismus: *Heinrich Huber, Josef Gruber, Vinzenz Goller, Joseph Gregor Zangl, Karl Pembaur*. Im Internat fehlt es an Dialogpartnern, die Hilfestellung zum Verständnis avancierterer Musik geben können oder wollen.

Zum Retter aus dieser Situation wird der ältere Bruder Leo. Er studiert mittlerweile in München an der Akademie der Bildenden Künste. Regelmäßig sucht er die Städtische Musikbücherei am Salvatorplatz auf und schickt dem geistig und musikalisch Ausgehungerten Klavierauszüge und Partituren nach Traunstein, die dieser regelrecht »verschlingt«: Musik der Romantik, des frühen 20. Jahrhunderts und von Zeitgenossen wie Igor Strawinsky oder Olivier Messiaen. Eine erste Ahnung dessen, was es noch zu entdecken geben könnte, vermittelt der Klavierauszug zu Modest Mussorgskys »Jahrmarkt von Sorotschinzy«: *Und da kam in diesem A-Dur immer das ›dis‹ vor. Das hat mich genervt! Aber ich hab's immer wieder gespielt. Eines Tages hab' ich einfach gewusst, gefühlt, erlebt: Es gibt noch etwas anderes als Dur und Moll. Ich habe neue Ohren bekommen! Das ist nicht eine Sache des Verstandes sondern des Gefühls.* – Goethe schrieb: *»Wenn ihr's nicht fühlt, ihr werdet's nicht erjagen.« Und ich habe natürlich über Verschiedenes den Kopf geschüttelt. Da bekam ich aus heiterem Himmel zum Beispiel »The Rake's Progress« von Strawinsky. Ich habe hineingeschaut und mir gedacht: »Herrgott noch einmal, das ist jetzt ganz vernünftig, aber das andere wieder [...]. Ich weiß auch nicht, aber da muss etwas dran sein.« Naja, und dann habe ich mich da hineingearbeitet.*

Auch in anderer Hinsicht sorgt Leo Schmitt in diesen Jahren für das musikalische Wohl seines Bruders: In den Ferien achtet er penibel darauf, dass der Jüngere auch zuhause in Wasserburg regelmäßig sein Übepensum absolviert. Die Orgel der Spitalkirche, die die beiden fast täglich aufsuchen, erfordert noch den Einsatz eines Balgtreters – ein anstrengender Part, den Leo bereitwillig übernimmt. Leo Schmitt ermutigt seinen Bruder auch zu den ersten Kompositionsversuchen. Später wird er zum Interpreten von dessen Musik: *Mein Bruder hatte als Amateur eine recht ordentliche Stimme, und auch ein gewisses musikalisches Potenzial; und so habe ich ein paar Balladen komponiert: »Die traurige Krönung« von Mörike: »Es war ein König Milesint, von dem will ich euch sagen […].«*

Ab der zweiten Gymnasialklasse erhält Meinrad Schmitt im Internat Unterricht in Harmonielehre. Die sauber beschrifteten Notenblätter aus dieser Zeit lassen nicht ahnen, dass der Elfjährige sich zunächst nur widerstrebend mit der Materie befasst: *Der Seminarleiter hat mich gezwungen, das zu lernen. Das war hart.* Die Notenhefte aus den folgenden Schuljahren dokumentieren dann Ausschnitte einer Entwicklung weg von den Hausaufgaben im strengen vierstimmigen Satz hin zu immer eigenständiger werdenden musikalischen Experimenten. Die praktischen Erfahrungen aus Literaturspiel und Orgelimprovisation verbinden sich mit wachsender musikalischer Experimentierlust; viele Ideen sind dem Notenmaterial zu verdanken, das Leo Schmitt fortwährend aus München schickt. Am Schreibtisch entstehen musikalische Skizzen, die Meinrad Schmitt anschließend in der Kirche ausprobiert. Im Laufe der Jahre wird diese Musik immer experimenteller; deutlich wahrnehmbar ist der Einfluss von Olivier Messiaens Orgelmusik. Bei den Patres im Internat stößt der musikalische Innovationsdrang des Teenagers nicht immer auf Verständnis: *Ich weiß noch gut, wie ich einmal nach einem Rosenkranz am Samstagabend irgend so was Verrücktes gespielt habe. Als ich von der Orgel herunterkam, wartete schon der Seminardirektor. Ich hatte die Noten noch in der Hand. »Was hast du da gespielt?« – Dann habe ich ihm die Noten überreicht, er schaute hinein, schüttelte den Kopf und war völlig ratlos. Er konnte mich ja einerseits nicht schimpfen, weil das gedruckte Noten waren, aber andererseits […].*

Gegen Ende seiner Gymnasialzeit besucht Meinrad Schmitt gemeinsam mit seinem Bruder Leo eine Konzertveranstaltung im Münchener Prinzregententheater. Der Abend wird ihm zum Erweckungserlebnis: *Die Egksche Musik hat bei mir wie ein Blitz eingeschlagen. Diese beiden Ballette »Joan von Zarissa« und dann die »Chinesische Nachtigall«! Ich war in einer anderen Welt! Das war unglaublich. Ich bin damals wie in Trance aus dem Prinzregententheater gegangen. Ich kann's gar nicht beschreiben, wie mich das getroffen hat.* Von diesem Abend an steht endgültig fest: Meinrad Schmitt will Komponist werden.

Wenn du Komponist werden willst, kannst du es letztendlich nicht unterdrücken

Nach dem Abitur 1954 wechselt Meinrad Schmitt an die Hochschule für Musik in München. Zunächst studiert er Schulmusik, weniger aus eigener Neigung als auf Wunsch der Familie. Schon bald ist er auch außerhalb der Musikhochschule regelmäßig als Liedbegleiter und Kammermusiker zu hören, unter anderem mit dem von ihm mitgegründeten »Janus-Consort«. Gespielt werden vorwiegend Werke des 20. Jahrhunderts, allen voran von Béla Bartók und Igor Strawinsky, aber auch Musik anderer Zeitgenossen, Uraufführungen, später gelegentlich eigene Kompositionen. Auch aus diesem Erfahrungsschatz wird Meinrad Schmitt in den folgenden Jahren und Jahrzehnten schöpfen können.

Während des Schulmusikstudiums entstehen nebenher kleinere Kompositionen, doch es wird immer deutlicher, dass es dabei nicht bleiben kann: *Wenn du Komponist werden willst, kannst du es letztendlich nicht unterdrücken.* Für Meinrad Schmitt ist Komponieren ein existenzielles Bedürfnis, das sich nicht dauerhaft in den Hintergrund drängen lässt. Nach Abschluss des Schulmusikstudiums kontaktiert er Harald Genzmer, der seit 1957 in München eine Professur innehat, und wird in dessen Kompositionsklasse aufgenommen. Er findet sich wieder in einer Umgebung voller stimulierender Kontraste. Die Studenten stammen aus Deutschland, Japan, Spanien, Griechenland, bringen unterschiedliche Auffassungen von Musik und kompositorischen Herangehensweisen in die Arbeit ein. Der Kompositionsprofessor ist kein Dogmatiker und zeigt sich aufgeschlossen gegenüber allem, was die Studierenden mitbringen. Er duldet jedoch keine Beliebigkeit und bietet den jungen Leuten durchaus auch Reibungsflächen. Harald Genzmer erweist sich gleichermaßen als *musicus universalis* mit stupender Literaturkenntnis, dessen kompositorisches Œuvre sich auf nahezu alle Gattungen erstreckt, wie als *homo universalis* mit umfassender Bildung in den Bereichen Literatur, bildende Kunst und Naturwissenschaften. Auch davon profitieren die Studenten: So kommt Meinrad Schmitt in der Kompositionsklasse in Kontakt mit Werken von Robert Musil, Michael Ende und Günter Eich – literarische Begegnungen, die ihn prägen.

Harald Genzmer lehrt gediegenes musikalisches Handwerk und Sinn für sauberen Tonsatz. Beides ist nie Selbstzweck, sondern dient der »Fassung« und Veredelung kompositorischer Ideen. Die jungen Komponisten sollen befähigt werden, sich klar und verständlich mitzuteilen und gleichermaßen für musikalische Profis zu schreiben wie für technisch einfache Gegebenheiten im Laienbereich: *Denken Sie praktisch!* wird zum Leitsatz. Interpreten wie Hörer mit ihren jeweiligen Bedürfnissen werden im Kompositionsprozess immer mit bedacht – ein Ansatz, der im musikkulturellen Umfeld der späten 1950er- und frühen 1960er-Jahre vehemente Kritik auf sich zieht. Rückblickend würdigt

Meinrad Schmitt seinen Lehrer Harald Genzmer folglich auch als einen Komponisten mit klaren künstlerischen Grundsätzen, denen er stets treu geblieben sei, trotz mancherlei Gegenwinds.

Musik soll vital, kunstvoll und verständlich sein – diesem künstlerischen Credo Genzmers fühlt sich auch Meinrad Schmitt von Beginn an verpflichtet und er hält bis heute daran fest: »*Dem Hörer entgegenkommen, ohne entgegenkommende Musik zu schreiben*«: *Diese Qualifizierung, die behagt mir an sich sehr.*[2] Meinrad Schmitt stellt sich bewusst in eine kompositorische Traditionslinie mit Vorbildern wie Paul Hindemith, Igor Strawinsky, Karl Amadeus Hartmann, Alban Berg oder Bernd Alois Zimmermann: *Ich bin ja Schüler von Genzmer, und ich stellte auch mal scherzhafterweise fest, damit sei ich Enkelschüler von Hindemith. Da gibt es natürlich schon eine gewisse Prägung und Ausrichtung. Das erste Bläserquintett habe ich noch bei Harald Genzmer geschrieben und da hört man, wo es herkommt – und man darf es auch hören! Ich schäme mich überhaupt nicht, wenn man eine Provenienz erkennt. Wenige Komponisten leben in einem stilistisch luftleeren Raum.*[3]

So bleibt Meinrad Schmitts Musik stets tonikal. Wichtig sind ihm ausgewogene Spannungsverläufe, formale Geschlossenheit und kantable, gestische Melodielinien, die unmittelbar bildhaft wirken können und sich oft zu einem dichten polyphonen Geflecht fügen. Auf ganz eigene Weise nutzt er dabei Prinzipien dodekaphoner Reihenkomposition – quasi heuristisch, als Verfahren zum Finden und zur Entwicklung unkonventioneller, spannungsreicher melodischer Kurven. Für die Vertikale, die Meinrad Schmitt als *klangliches Gewand* seiner Melodik betrachtet, nimmt er sich Freiheiten, verlässt das Regelwerk der Dodekaphonie zugunsten einer Harmonik, die sich gleichermaßen aus »klassischer« Satzlehre wie aus Intuition speist. Klanglich bleibt die Musik immer transparent. Ästhetischer Leitstern ist die Balance zwischen Analogie und Kontrast im Sinne von Igor Strawinskys »Musikalischer Poetik«.

In den Studienjahren entstehen neben einigen Jugendopern vorwiegend solistische und kammermusikalische Werke. Zum kompositorischen »Gesellenstück« wird schließlich die »Sonate für Violine und Klavier«, 1964 uraufgeführt und wenig später von Erich Keller und Elisabeth Schwarz für den Bayerischen Rundfunk eingespielt – für den jungen Komponisten ein Meilenstein.

1965 ergänzt Meinrad Schmitt seine Ausbildung durch ein Privatstudium bei Mark Lothar, der seit Mitte der 1950er-Jahre als freischaffender Komponist in München lebt. Einen inhaltlichen Schwerpunkt bildet dabei das Musiktheater. Meinrad Schmitt ist während des Studiums seinen Wurzeln im »Theater mit

---

2 Meinrad Schmitt im Gespräch mit Helmut Rohm, in: Bayern 4 Klassik, »Komponisten in Bayern: Meinrad Schmitt, vorgestellt von Helmut Rohm«, Sendung des Bayerischen Rundfunks, München 1985.
3 Ebd.

Musik« treu geblieben, komponiert beständig kleinere Werke für Laientheater. Nun nutzt er die Gelegenheit, bei einem erfolgreichen Komponisten von Opern- und Bühnenmusik den Umgang mit den Gegebenheiten des professionellen Musiktheaters zu erlernen. Ein weiterer Akzent der Arbeit mit Mark Lothar liegt auf Fragen der Orchesterbehandlung und Instrumentation – Aspekte, die an der Musikhochschule nur eine untergeordnete Rolle spielten. Unter Mark Lothars Anleitung befasst sich Meinrad Schmitt mit den Möglichkeiten verschiedener Klangkombinationen, Schwerpunktgestaltungen und den spezifischen Proportionen orchestraler Musik. Nach einigen Vorstudien entsteht 1968 die knapp viertelstündige »Canzonaccia, Improvisation über einen alten Gassenhauer«. Bereits hier wird deutlich, dass Meinrad Schmitt es versteht, auf subtile Weise mit den Klangfarben des großen Orchesters umzugehen. In den folgenden Jahren vervollkommnet er seine Fertigkeiten auf diesem Gebiet. »›Ikarus‹, Szene für Orchester« (1969/73), »›H-A-D-Es‹, amythologisches Spiel für Orchester« (1976) und »Canto invitto« (1979): Diese Werke lassen sich auch als Dokumente einer künstlerischen Entwicklung lesen, die sich im Wechselspiel von Experiment und Reflexion vollzieht. *Ich muss sagen, ich habe mich herangetastet und gerade am Anfang bei den Orchesterstücken oft einfach nur geschaut: Könnte es sein, dass diese Kombination oder diese Schwerpunktgestaltung funktioniert? Und es ist so: Wenn man sich einmal ein bestimmtes persönliches Orchesterklangbild erarbeitet hat, dann trägt die eigene Erfahrung. Man weiß: Dies und jenes hat geklappt.*

Ich habe die Zeit immer teilen müssen

Bereits das Kompositionsstudium steht im Zeichen einer Lebenskonstellation, die Meinrad Schmitt über die nächsten Jahrzehnte begleiten wird: Komponieren ist ihm immer nur in eingeschränktem zeitlichen Rahmen möglich. Er geht als Schulmusiker ins Referendariat, tritt eine Stelle als Lehrer am Augsburger Gymnasium bei St. Stephan an und gründet eine Familie. Den Kompositionsunterricht bei Harald Genzmer kann Meinrad Schmitt oft über Wochen hinweg nicht wahrnehmen, auch die Zeit zum Komponieren ist äußerst knapp bemessen. In den Jahren nach 1954 entstehen etliche kleinere Werke, für größere Kammermusikprojekte oder gar Orchesterkompositionen fehlen die notwendigen zeitlichen Ressourcen.

1965 bahnt sich ein beruflicher Wechsel an: Meinrad Schmitt kehrt an die Münchener Musikhochschule zurück, zunächst als Lehrbeauftragter für Gehörbildung, ab 1969 dann als hauptamtlicher Dozent. 1974 wird er schließlich Professor für Musiktheorie. Diese Tätigkeit ist ihm keineswegs nur »Brotberuf«. Meinrad Schmitt unterrichtet nach eigenem Bekunden gern und, wie ehemalige Studierende bezeugen können, auch gut.[4] Er beeindruckt durch umfassende Literaturkenntnis und einen außergewöhnlichen Überblick über kompositorische Strukturen – unabhängig davon, ob es um musikalische Werke von Weltrang geht oder um die Tonsatz-Hausaufgaben seiner Kursteilnehmer. Meinrad Schmitt lehrt eindringlich, anschaulich und mit viel Humor kompositorische Grundprinzipien. Bei aller Routine scheint er nie zu vergessen, dass die analytische Begegnung mit einem Musikstück in seinem Kurs für die Studierenden möglicherweise der allererste Kontakt mit dieser Komposition ist – mit allen Chancen, die solch eine Erstbegegnung in sich birgt. So werden immer wieder einmal »Sternstunden« möglich, in denen sich erfahren lässt, dass eine gemeinsam vollzogene musikalische Analyse nicht nur das Wissen über Musik erweitern und das Hörerlebnis bereichern kann: Der Analyseprozess selbst wird zum intellektuell-sinnlichen Genuss.

Aus der permanenten Auseinandersetzung mit Werken anderer, die die Lehrtätigkeit mit sich bringt, zieht Meinrad Schmitt auch einen Nutzen für die eigene kompositorische Arbeit: *Wenn man sich mit fremden Werken, mit Kompositionen der Tradition oder auch von Zeitgenossen auseinandersetzt und ihnen nachspürt, wenn man den kompositorischen Prozess nachvollziehen will und ihn ansehen will und ihn anderen nahebringen will, dann schlägt das natürlich auf das eigene Arbeiten zurück. Ich denke schon, dass man dem eigenen Opus gegenüber kritischer wird, wenn man fremde, andere Werke analysiert. Durch die Analyse einer Mozart- oder Beethoven-Sonate lernt man ungeheuer viel. Das ist gar keine Frage. Gerade im Hinblick auf die schwer definierbare Logik eines Stücks: Was ist da nachvollziehbar, dokumentierbar, erklärbar, an Logik vorhanden? Und wenn ich selbst etwas schreibe: Was ist dann logisch?*

Meinrad Schmitts Weg zur öffentlichen Wahrnehmung und Anerkennung als Komponist gestaltet sich als eine langsame, aber stetig verlaufende Entwicklung. Für seine Werke laut die Werbetrommel zu rühren, ist seine Sache nicht. Ebenso wenig ist er bereit, mit außermusikalischen Mitteln um Aufträge und Sendeplätze zu kämpfen. Stattdessen arbeitet er mit Konsequenz und Beharrlichkeit an seinen Kompositionen, nutzt Kontakte, wo sie sich bieten. 1963 wird dem jungen Komponisten das Richard-Strauss-Stipendium der Stadt München zuerkannt. Ein weiteres ermutigendes Signal ist ein Jahr später die erste Rundfunkaufnahme der »Sonate für Violine und Klavier«. Meinrad Schmitts erste Orchesterkomposition »Canzonaccia« wird 1969 mit dem Kompositionspreis der Landeshauptstadt Stuttgart prämiert. Und auch für seine Kammermusik erhält er Auszeichnungen: Das Bläserquintett »Souvenirs de Friedrich Kuhlau«

---

4   Vgl. dazu Niko Firnkees: Respekt des »Enkelschülers« gegenüber jeder Note. Der Komponist und Professor Meinrad Schmitt wird im Dezember 70. In: Neue Musikzeitung, Jg. 54 (2005), Heft Nr. 12/05, 01/06, S. 51.

bringt ihm 1970 den Kuhlau-Preis Uelzen ein. Für sein erstes Streichquartett, »Fantasia piccola«, erhält er 1971 den Marler Kompositionspreis. 1976 beschert ihm die Uraufführung von »Quadrifoglio, vier Stücke für Klarinette und Violoncello« in New York einen Erfolg auf internationalem Parkett. 1980 würdigt die Stadt München Meinrad Schmitts kompositorisches Schaffen mit dem Förderpreis Musik. In der Laudatio heißt es: *Er findet sein Publikum und sein Publikum findet ihn.* Und tatsächlich ist Meinrad Schmitts Musik zu diesem Zeitpunkt längst »angekommen«. Bis heute fehlt es ihm weder an Kompositionsaufträgen noch an interessierten Zuhörern.

Die gesicherte materielle Existenz macht es Meinrad Schmitt möglich, sich den Marktmechanismen des Kulturbetriebs weitgehend zu entziehen. Er kann so komponieren, wie er es für richtig hält – eine Unabhängigkeit, die er sehr schätzt –, und hat die Freiheit, nur musikalische Projekte in Angriff zu nehmen, die ihm attraktiv erscheinen. Gelegentlich wird eine unkonventionelle Besetzung zur reizvollen Herausforderung, wie im »Trio für Trompete, Posaune und Tuba« (1975), im »Konzert für Posaune, Alphorn und Orchester« (2006) oder in »G-A-D-E, Fantasie für Brascussion« (elf Blechbläser und vier Schlagzeuger, 2012). Nicht selten ist der »Aufhänger« einer Komposition aber auch außermusikalischer Natur: eine Textvorlage wie bei »ADIEDI«, einer Kammeroper nach dem gleichnamigen Theaterstück von Jelena Kohout; oder ein Impuls aus der bildenden Kunst, wie im Fall von »Im Zeichen der Venus – Reflexionen für großes Orchester« (2003). Gelegentlich speist sich eine Kompositionsidee aus mehreren inhaltlichen Quellen, wie bei »Ikarus, Szene für Orchester« (1973). Die antike Sage ist dabei eher Nebensache, die entscheidenden Impulse geben das Gemälde »Landschaft mit dem Sturz des Ikarus« von Pieter Bruegel dem Älteren und ein Auftritt des Pantomimen Samy Molcho, der sich in »Jäger und Vogel« verwandelt: *Dieses Interpretieren, dieses Imitieren eines startenden Vogels, der sich in die Luft erhebt, der vom Pfeil des Jägers getroffen wird und dann heruntertrudelt, war derartig atemberaubend und suggestiv dargestellt, dass ich mir gesagt habe: Das könnte vielleicht einmal in eine Komposition übersetzt werden.*[5]

Ab Mitte der 1970er-Jahre lassen sich in Meinrad Schmitts Werken zwei neue Tendenzen erkennen. An erster Stelle zu nennen ist die Entwicklung weg von einer gewissen »Rücksichtslosigkeit« gegenüber den Interpreten seiner Musik hin zu einem noch bewussteren, ökonomischeren Umgang mit musikalischen Mitteln. Exemplarisch deutlich wird dies im Vergleich der Orchesterwerke »Ikarus, Szene für Orchester« (1969) und »H-A-D-Es«, amythologisches Spiel für Orchester« (1976). Für seinen »Ikarus« verlangt Meinrad Schmitt den Musikern noch fast durchgehend äußerste Virtuosität ab, in der Partitur von »H-A-D-ES«

---

5 A.a.O.

mäßigt er die spieltechnischen Anforderungen, ohne jedoch Abstriche an seinem gestalterischen Anspruch zu machen. Möglich wird ihm dies durch eine immer souveränere Beherrschung seines kompositorischen »Handwerks«. Meinrad Schmitt verfügt über die Fähigkeit, Musik zu schreiben, die technisch nicht schwerer ist, als sie sein muss: Die Schwierigkeit muss Folge der Substanz sein. Ich darf nicht sagen: Weil etwas schwer ist, hat es Substanz. Gewohnheitsmäßigen Anhäufungen spieltechnischer Schwierigkeiten in Partituren von Komponistenkollegen begegnet er entsprechend misstrauisch. Sein Respekt gilt nicht nur der Musik an sich, sondern auch den Musikern.

Eine zweite deutlich wahrnehmbare Veränderung betrifft Meinrad Schmitts Harmonik. Seine Musik entwickelt sich von eher kleingliedrigen, durch chromatische Reihentechnik geformten Strukturen hin zu flächigeren, modal beeinflussten Klanggebilden – Folge der intensiven kompositorischen Auseinandersetzung mit der Harfe. Gemessen daran, wie bedeutsam das Instrument für ihn und seine Musik werden soll, ist Meinrad Schmitts erste kompositorische Begegnung mit der Harfe eine erstaunlich zufällige Angelegenheit. Eines Tages erfährt er, dass im Studio für Neue Musik ein Konzertabend geplant sei. Bereits engagiert seien der Schlagzeuger Hermann Gschwendtner und die Harfenistin Therese Reichling, und man könne noch ein Stück für Harfe und Schlagzeug brauchen. *Da habe ich mir gedacht: »Naja, schon eine sehr eigenartige Kombination, aber warum nicht?« Und seitdem beschäftige ich mich mit der Harfe.* Meinrad Schmitt entdeckt, dass die Harfe als diatonisch-modal konzipiertes Instrument dem Komponisten zwar Beschränkungen auferlegt, andererseits aber auch noch unerschlossene klangliche Möglichkeiten bietet. Für sein »Duo für Harfe und Schlagzeug« (1975/76) sucht Meinrad Schmitt nach klanglichen Bindegliedern zwischen beiden Instrumenten. Fündig wird er beim Glissando, im Schlagwerk realisiert auf den Pauken, auf der Harfe möglich durch raffinierten Einsatz der Pedale. So beginnt das Werk mit einem musikalischen Dialog der ganz besonderen Art. Vom ersten Ton an entfaltet sich ein sinnliches, klangschönes, perfekt ausbalanciertes musikalisches Gefüge mit Ausdrucksqualitäten von filigran-meditativ bis zupackend. In den folgenden Jahren entstehen in rascher Folge zahlreiche Solo- und Kammermusikwerke für Harfe in wechselnden Konstellationen, Lieder mit Harfenbegleitung sowie Werke für Harfe und Orchester: »Concertino für Harfe und Orchester« (1980), »Refrain für Harfe und Streichorchester« (1983), »Konzert für Harfe und Streichorchester« (1984).

In den 1980er-Jahren wendet sich Meinrad Schmitt dann einer der schwierigsten Adressatengruppen für einen Komponisten zu: Eine ganze Reihe seiner Werke seit dieser Zeit richtet sich an Kinder – als Zuhörer wie als Interpreten. Das Märchen über Musik »Crespino und König Tulipan« (1990) gehört mittlerweile ins Repertoire von Familienkonzerten in ganz Deutschland. Eine kindgerechte Geschichte mit den notwendigen dramatischen Effekten ist hier musikalisch eingängig in Szene gesetzt, ohne in *Tralala auf Backe-Backe-Kuchen-Niveau*[6] zu verfallen. Dezidiert »musikpädagogische Musik« lehnt Meinrad Schmitt ab. Für ihn sind musikalischer Anspruch und Unterhaltungswert durchaus miteinander vereinbar. Am Beispiel einer bekannten Mozart-Melodie bringt der Hofzwerg Crespino Kindern wie Erwachsenen ganz nebenbei kompositorische Verfahren wie Krebs und Umkehrung nahe.

Mit demselben Anspruch konzipiert sind Werke wie »Der Turm des Aeolos« (1998), »Gaulimauli Stachelschwein« (2006), »Das Geheimnis von Colorito« (2008) oder »Der Rubin« (2009), in denen Kinder gleichberechtigt mit erwachsenen Orchestermusikern auf der Bühne agieren. Bei den Aufführungen demonstriert die Orff-Gruppe der Grundschule Adelzhausen, einstudiert von Renate Mechler-Schmitt, auf eindrucksvolle Weise, welch hohes musikalisches Niveau Kinder erreichen können, wenn man sie gleichermaßen musikalisch fordert wie anleitet und unterstützt.

Ein Komponist geht nie in Pension

1998 zieht sich Meinrad Schmitt aus dem Lehrbetrieb an der Münchner Hochschule für Musik und Theater zurück. Für ihn eine Zäsur, die weniger ein Ende als einen Neuanfang markiert: Endlich steht die ersehnte Zeit zur Verfügung, das Komponieren wird zum Hauptberuf. Ungebrochene schöpferische Energie und eine gute Auftragslage machen nun umfangreiche musikalische Projekte in größerer Zahl möglich. Es entstehen mehrere Instrumentalkonzerte und Orchesterkompositionen, darunter »›Im Zeichen der Venus‹, Reflexionen für großes Orchester« (2003 / 04). Auch seiner Passion Musiktheater kann sich Meinrad Schmitt nun wieder zuwenden: In Zusammenarbeit mit dem Autor Wilfrid Grote entsteht »Lapislazuli« (2014), eine Oper für Kinder; ein weiteres Bühnenwerk ist geplant.

Einen Schwerpunkt in Meinrad Schmitts Schaffen bildet weiterhin die Kammermusik und hier wecken nach wie vor außergewöhnliche Konstellationen von Instrumenten das Interesse des Komponisten: etwa ein Violoncello-Quartett in »Nordisches Lied« (2000); die Kombination von Flöte und Marimbaphon in den Miniaturen »Prinzessin Turandot« (2007); oder Klarinette, Marimbaphon und Kontrabass im »Trio appassionato« (2011). Erstmals seit Jahrzehnten komponiert Meinrad Schmitt nun wieder für die Orgel, stellt das Instrument in einen neuen, kammermusikalischen Kontext, ohne seine liturgische Tradition zu verleugnen: 2002 entsteht »›Jerusalem‹, Diptychon für Bratsche, Posaune und Orgel«, 2007 folgt »›In excelsis‹, Introduktion, Meditation und Choralva-

---

6   Vgl. Gino Fraguela: Wenn der CD-Player zur Spieluhr wird ... Philharmoniker präsentieren erste CD für Kinder. In: Augsburger Allgemeine, 19. November 2003.

riationen für Orgel und Schlagwerk«. Und auch einer ganz besonderen musikalischen Gattung wendet sich der Komponist nach Jahrzehnten noch einmal zu: 2015 wird sein zweites Streichquartett uraufgeführt. Über vier Jahrzehnte nach der Entstehung des ersten Quartetts stellt er sich damit einer dreifachen Herausforderung: dem ungeheuren Gewicht von über 250 Jahren Gattungsgeschichte; der Schwierigkeit, Ausdruckswillen mit den Restriktionen eines kleinen, klanglich homogenen Ensembles zu vereinbaren; und der Frage, wie dieses neue Werk ins Verhältnis zu setzen sei zur »Fantasia piccola« (1971), seinem ersten Streichquartett – einer sehr kurzen, intensiven Komposition, die sich tastend und assoziierend aus einigen wenigen musikalischen Gedanken entwickelt. Meinrad Schmitt entscheidet sich für eine Anlage in fünf konzisen Sätzen, in denen sich formale Strenge und bildhaft-gestischer Ausdruck die Waage halten. Im Pressebericht zur Uraufführung heißt es: *Von der Eröffnung, in der sich die Instrumente […] wie durch Zurufe zu vereinen schienen, über ein schwirrendes Pizzikato-Vivo, ein rasant gerastertes Allegro, ein melancholisch kippendes, an Schostakowitsch erinnerndes Lento, bis zum Finale und seine kraftvoll getriebenen Unisono-Passagen konnte man Schmitts feine, lapidar beherrschte Ästhetik genießen. Stürmischer Beifall.*[7]

Hohe Produktivität erfordert nicht nur viel Zeit, sondern auch Platz. Angesichts begrenzter räumlicher Ressourcen zieht Meinrad Schmitt derzeit Bilanz, sortiert aus, ordnet, fasst zusammen, liest und hört eigene Werke erneut, manche davon zum ersten Mal nach vielen Jahren. Sein vorläufiges Resümee fällt positiv aus – in der ihm eigenen nüchternen Art: *Ich habe mir jetzt, wie gesagt, Verschiedenes angehört und kann sagen: Ich stehe dazu!*

---

7   Manfred Engelhardt: Moderne Wegmarken. Eine Uraufführung und Schostakowitsch. In: Augsburger Allgemeine, 23. März 2015. Online unter www.augsburger-allgemeine.de/augsburg/Moderne-Wegmarken-id33471372.html [24. März 2015]

Franzpeter Messmer

Der Komponist ist in Wirklichkeit ein Tonsetzer
Gespräch mit Meinrad Schmitt[1]

Elternhaus und Schule

Franzpeter Messmer: Sie waren neun Jahre alt, als der Zweite Weltkrieg zu Ende ging. Welche Erinnerungen haben Sie an die Kriegsjahre?

Meinrad Schmitt: Im Vergleich zu vielen anderen Menschen ist meine Familie glimpflich davongekommen. Mein Vater konnte als körperlich Schwerbehinderter nicht eingezogen werden. Schlange stehen vor den Lebensmittelläden gehörte ebenso zum Alltag wie das Aufsuchen der Luftschutzkeller vor allem im letzten Kriegsjahr. Verwandte in München wurden ausgebombt. Ein Onkel starb in Russland an Typhus. Vom Fenster unserer Wohnung aus am Marienplatz, damals in Adolf-Hitler-Platz umbenannt, mussten wir die Aufmärsche von SA und Hitlerjugend mitansehen. Mein Bruder drückte sich davor, so gut er konnte. Aber auch durchaus Positives ist anzumerken: große Ferien bei einer Tante in der Oberpfalz in ihrem Gärtnereibetrieb. Höhepunkte waren die Weihnachtsfeste, die meine Eltern trotz der entbehrungsreichen Zeit mit Liebe gestalteten.

FPM: Wie erlebten Sie den Wiederaufbau, die Zeit des Wirtschaftswunders?

MS: Da in meinem Elternhaus von jeher eine sparsame Haushaltsführung stattfand, konnte ich in dieser Hinsicht keine dramatischen Veränderungen wahrnehmen. Meine Eltern hatten schließlich große finanzielle Opfer zu bringen, da beide Söhne im Studium waren. Nach 1945 erlebte ich so etwas wie ein neues Lebensgefühl, eine Aufbruchstimmung, allerdings vor allem in ideeller Hinsicht.

FPM: Sie waren ab 1946 im Internat und charakterisierten es als »geistige Ghettosituation«. Die Musik, so sagten Sie, hat Sie vor psychischer Schädigung bewahrt. Was für eine Form von Erziehung erlebten Sie dort?

---

1 Klingen, 9. Juli 2015.

MS: Dieses angesprochene geistige Ghetto bestand vor allem in der, nennen wir's einmal, Indoktrination rigoros katholischer Denkweise. Literatur beispielsweise, die dem nicht entsprach, war schon verdächtig. Ich erinnere mich, wie mir der Seminarleiter damals mit deutlicher Missbilligung ein Buch von Gottfried Keller aus der Hand nahm. Zugegeben, Gottfried Keller war kein Freund der christlichen Kirche. Vermutlich hatte der Seminarleiter das Gedicht gegen die Jesuiten gefunden, in dem es heißt, dass sie *den Giftsack hinten aufgeschnürt*[2] hätten. Dass dies in einem christkatholischen Internat jemand las, war natürlich völlig außerhalb der Ordnung.

FPM: Ihr älterer Bruder Leo, der bildende Kunst studierte, hat Ihnen geholfen, Ihren eigenen Weg zu finden. Was für ein Mensch war er?

MS: Ich glaube, am besten könnte man ihn als »Macher« bezeichnen. Immer umtriebig gründete er mit Gleichgesinnten in Wasserburg das Laientheater mit Schwerpunkt auf Musik. Er verstand es stets, andere für seine Ideen zu begeistern und Projekte zu realisieren. Auch wenn es bei seiner Logistik etwas chaotisch zuging, hatte das Endergebnis immer beachtliche Qualität.

FPM: Ihr Vater führte Regie in diesem Laientheater?

MS: Ja, fast die ganze Familie Schmitt war an den Theaterprojekten beteiligt. Meine Mutter war für Kostüme zuständig, mein Vater führte Regie, mein Bruder sang als Bass Hauptrollen und ich war für ihn gewissermaßen der permanente Korrepetitor.

FPM: Dabei sind Sie als 15-Jähriger erstmals als Komponist vor die Öffentlichkeit getreten.

MS: Mein erstes öffentliches Debüt fand im Rahmen dieser Theatergruppe statt. Danach stand dann in der Zeitung: *Der Sohn schrieb die Musik, der Vater das Libretto*. Ich kann mich noch gut erinnern, wie der damalige Musikkritiker in der Zeitung gewissermaßen eine Warnung aussprach: Man solle mich ja nicht zu früh loben, denn ein Wolferl, er hat »Wölferl« geschrieben, gibt's nicht in jedem Jahrhundert. Dies war insofern eine groteske Sache, weil ich persönlich ja nicht im Geringsten solche Gedankengänge hatte und mein Vater erst recht nicht. Es waren einfach Freude und Spaß, so etwas zu machen. Ich habe damals schon die Problematik kennengelernt, dass wo viel Licht auch viel Schatten ist. Aber das hat mir die Musik nicht vergällt.

---

2 Gottfried Keller: Jesuitenzug, 1843.

Musikpädagoge: Bürde oder Befreiung?

FPM: Sie blieben bei der Musik und haben Schulmusik auf den Wunsch der Eltern hin studiert?

MS: Es war ein wenig anders. Ich hatte ja lange keine Bestätigung von professioneller Seite bekommen, dass ich überhaupt eine Begabung für Musik hätte. Mit 15 wurde ich gewissermaßen schon einmal heruntergebügelt. Als die Berufsentscheidung anstand, hatte sich abgezeichnet, dass es schon ein Leben als Musiker sein würde. Ich hätte zwar aufgrund meines Abiturzeugnisses auch etwas anderes studieren können, zum Beispiel hatte ich einmal auch an Germanistik gedacht. Da ich bis dato sehr der Orgel verbunden war, wäre auch Kirchenmusik eine Option gewesen. Aber dann dachte ich an die Fron, vor allem an den Wochenenden und Feiertagen, und entschied mich für die Schulmusik. Meine Musiklehrer am Traunsteiner Gymnasium, es gereicht ihnen zur Ehre, waren eine überzeugende Werbung für diesen Weg und meine Eltern waren sehr erfreut, dass sie sich für ihren Sohn eine finanziell gesicherte Zukunft vorstellen konnten.

FPM: Sie arbeiteten zunächst als Schulmusiker. Welche Erfahrungen konnten Sie dabei sammeln, die für Ihren späteren Weg wichtig waren?

MS: Für meine spätere Lehrtätigkeit an der Musikhochschule waren die bis dahin gesammelten Erfahrungen doch sehr nützlich. Es ist notwendig, den zu vermittelnden Stoff methodisch und didaktisch gründlich aufzubereiten, wenn der Student davon profitieren soll. Ich bin sehr stolz darauf, dass ich immer wieder, auch heute noch ein positives Feedback bekomme. Ich kann mich sehr gut an einen Schlagzeuger erinnern, der gesagt hat: *Wer bei Ihnen die Modulation nicht kapiert, der kapiert sie nie.* Aber zurück zur Zeit davor: Da gab es ganz brauchbare Erfahrungen durch zahlreiche Liedsätze, Instrumentalarrangements et cetera für verschiedene Anlässe. Dabei konnte ich die Fähigkeit trainieren, auch für technisch einfache Verhältnisse zu schreiben, sozusagen eine musikalische Erdung zu erhalten. Solche Arbeiten, die im weitesten Sinn Tonsatz sind, haben mich nie verlassen. Ich finde, der Komponist ist in Wirklichkeit ein Tonsetzer. Handwerklich sauberer Tonsatz sollte auch heute die unverzichtbare Voraussetzung für die eigene schöpferische Leistung sein. Ich sehe natürlich den stilistischen Unterschied beispielsweise zu einem barocken Kontrapunkt. Aber es gibt Dinge, die für mich bis zum heutigen Tag eine gültige Gesetzmäßigkeit haben.

FPM: Sie haben eine sehr musikalische Familie. Ihre Tochter, Uta Schmitt-Kugler (*1969) ist Harfenistin, ihr Sohn, Markus Schmitt (*1965) Komponist. Wie kam das?

MS: Aus meiner Vergangenheit lernend habe ich meinen beiden Kindern den Weg zur Musik nach Kräften geebnet, habe sie zum musikalischen Kindergarten, später zu Instrumentallehrern gebracht; so bin ich zum Beispiel von Gröbenzell bis Stuttgart gefahren, wo meine Tochter Harfenunterricht erhielt. Ich habe mit meinen Kindern Konzerte besucht und sie schließlich, soweit zuständig, auf das Hochschulstudium vorbereitet.

FPM: Pädagogik blieb Ihr ganzes Leben wichtig: ab 1965 waren Sie Dozent, später Professor für Musiktheorie an der Münchner Hochschule für Musik und Theater. Was bedeutet für Sie das Fach Musiktheorie?

MS: Mein Anliegen war, mit den Studierenden möglichst tief in das Wesen einer Komposition einzudringen, sie das Faszinierende eines Werks spüren zu lassen, damit sie diesen Reichtum später auch anderen, zum Beispiel der ihnen anvertrauten Jugend weitergeben können. Ich habe immer versucht, ihnen Musik nahezubringen, und das ist nicht ein theoretisches, verblasenes, für die Praxis unbrauchbares Gebilde. Ich habe immer gesagt: *Es geht um Musik. Das ist entscheidend.* Wenn man zum Beispiel richtig Analyse betreibt, kann man an die Musik heranführen wie in keinem anderen Fach.

FPM: War für Sie die Lehrtätigkeit eine Bürde, da sie viel Zeit beanspruchte, oder eine Befreiung, da Sie materiell unabhängig waren und sind?

MS: Eine ehrliche Antwort kann nur heißen, dass beides zutrifft. Es ist auch wahr, dass es sicherlich nicht zu den Highlights eines Tonsatzlehrers gehört, den Dominantseptakkord zu vermitteln, aber andererseits: ich kann mich wirklich, nennen wir es einmal, an Sternstunden erinnern, Sternstunden eines musikalischen Gemeinschaftserlebnisses, das beim Gedankenaustausch zwischen Lehrer und Studenten entsteht. Da ist Hochspannung im Raum, wie einmal in einem Kurs beim Tristan-Vorspiel: Alle »schwebten«, glaube ich, mindestens 30 Zentimeter über dem Boden. Ein anderes unvergessliches Erlebnis war die einer Reihe hochmotivierter Studenten gelungene Begegnung mit ausgewählten Szenen, namentlich der Schlussfuge aus Verdis »Falstaff«. Befriedigung an der Lehrtätigkeit stellt sich nach meiner Überzeugung dann ein, wenn man sie ganz ernst nimmt und die permanente Herausforderung pädagogischer und künstlerischer Fähigkeiten nicht als Belastung, sondern als Chance für die eigene Weiterentwicklung betrachtet. Für die in diesem Metier gewonnene materielle Unabhängigkeit bin ich dankbar, dann sie hat mir gleichzeitig auch künstlerische Unabhängigkeit garantiert.

FPM: Sie konnten sich durch ihre materielle Unabhängigkeit den Mechanismen des Kulturbetriebs weitgehend entziehen. Was waren das für Mechanismen?

MS: Ich kann das vielleicht ein wenig umschreiben: Durch meine Unabhängigkeit musste ich keine Komposition mit der kleinen None oder der großen Septime nach oben beginnen. Ich musste nicht *von der Gnadensonne der Auguren Neuer Musik beschienen werden.* (Der Autor dieses Zitats ist unbekannt; ich vermute aber, dass es von Peter Jona Korn stammt.) Ich konnte auf Darmstadt und Donaueschingen verzichten, konnte damit leben, von bestimmten Verlagen ignoriert zu werden. Ich gehörte und gehöre nicht zum Establishment zeitgenössischer Musik. Mit der Situation, Einzelgänger zu sein, bin ich bisher durchaus zurechtgekommen.

Die Lehrer: Harald Genzmer und Mark Lothar

FPM: Ihr erster öffentlicher Auftritt als Komponist geschah im Laientheater Ihres Vaters. Was bedeutet für Sie bis heute Musik für Laien?

MS: Einmal grundsätzlich: Nach meiner Überzeugung sollte sich gerade heute ein Komponist mit einfachen Mitteln ausdrücken können, das heißt auch für instrumentaltechnisch einfache Gegebenheiten schreiben können. Für Laien, insbesondere für Kinder zu komponieren, bedeutet für mich, die Basis für unsere Musikkultur zu stärken.

FPM: Einer Ihrer Kompositionslehrer war Harald Genzmer, der auch für alle Schwierigkeitsgrade komponierte. Worauf zielte sein Unterricht ab?

MS: Dass Genzmer, ein Schüler von Hindemith, solides Handwerk als Grundlage für das eigentliche Komponieren lehrte, ist nicht überraschend. Das ist schließlich die Voraussetzung dafür, sich entsprechend der individuellen Begabungen künstlerisch auszudrücken und mitzuteilen. Was die Frage betrifft, inwiefern er mich geprägt hat, möchte ich sagen: Man hätte ihn, frei nach Hugo von Hofmannsthal, den Unbestechlichen nennen können. Er duldete keine kompositorischen Grauzonen in einem Stück. Klarheit und Logik gehörten zu seinen Postulaten. Außerdem gewann ich bei ihm die Überzeugung, dass es für mich wichtig sei, mich weiterhin mit der Tonalität, selbstverständlich in einem erweiterten Begriff, auseinanderzusetzen.

FPM: Hat er versucht, seine Schüler auf die Art, wie er selbst komponierte, auszurichten, oder ließ er ihnen Freiheit? Hätten Sie zum Beispiel auch seriell komponieren können?

MS: Bei Harald Genzmer, vielleicht nicht im selben Grad wie bei Günter Bialas, waren Studenten aus aller Herren Länder und es hat zu meiner Zeit bei ihm auch der nicht ganz unbekannte Nikos Mamangakis studiert, der stilistisch auf einem ganz anderen Planeten lebte. Man musste bei Genzmer nicht so komponieren wie er selbst.

FPM: Was haben Sie von Harald Genzmer für Ihren späteren Weg mitgenommen?

MS: Ich glaube, dass ich schon an den richtigen Lehrer geraten bin, weil eben die Tonalität, die sein Werk prägt, mir irgendwo nahekam. Wenn ich daran denke, mit welcher Präzision er zum Beispiel im Unterricht verbessernd eingegriffen hat, war das schon sehr interessant. Sollten bei meinen ersten Stücken Genzmer- oder Hindemitheinflüsse gewesen sein, so finde ich es absolut nicht problematisch. Da muss ich allerdings aufpassen, dass ich nicht polemisch werde, wenn ich mir vorstelle, wie wenig es Komponisten angekreidet wurde, Jahrzehnte nach der Erfindung der Dodekaphonie in dieser Technik zu schreiben. Das war immer noch aktuell und kreativ, aber man durfte um Gottes Willen nicht in einer geistig-musikalischen und kompositorischen Nähe von Paul Hindemith sein. Das ist ein noch ganz und gar unaufgearbeitetes Feld unserer Musikgeschichte.

FPM: Haben Sie auch einmal dodekaphonisch komponiert?

MS: Ich habe ein Stück geschrieben, das beinahe dodekaphonisch ist. Das wurde beim Tonkünstlerfest in Regensburg uraufgeführt, 1973, als dieser Benzinkarenz-Sonntag war. Im Hotel traf ich Peter Jona Korn. Er hatte sich das Stück angehört. Wir kommen ins Gespräch. Er: *War das jetzt dodekaphonisch?* Ich: *Beinahe.* Er: *Dann war es nicht dodekaphonisch.* Selbstverständlich habe ich mich mit Dodekaphonie auseinandergesetzt. Auch Carl Orff tat es. Aber ich fand nie, nie, nie jemanden, der mir hätte schlüssig erklären können, warum man so komponieren soll. Warum? Das frage ich mich heute noch. Sie finden nirgends eine Antwort. Sie finden nur Polemisches, wie zum Beispiel bei Hanns Jelinek in seinem Zwölftonwerk,[3] wo er im Vorwort schreibt, man kann mit Zwölftonmusik sehr viel machen, aber wem das nicht liegt, der soll dann lieber ein braver Tonaler bleiben. Damit ist eigentlich alles gesagt.

FPM: Ist für Sie die Zwölftonmusik also uninteressant?

3   Hanns Jelinek: Anleitung zur Zwölftonkomposition nebst allerlei Paralipomena, 2 Bände, Wien 1952.

MS: Für die melodische Linie finde ich die Dodekaphonie schon interessant. Man wird gezwungen, die Fantasie bei der Melodie-Erfindung in eine andere Richtung gehen zu lassen. Ich habe nur Probleme in der Vertikalen und bei ihr, das soll mir keiner ausreden, entsteht in der Dodekaphonie doch in hohem Maß ein Zufallsprodukt. Das kann ich nicht mitmachen. Ich habe einfach, jetzt sind wir wieder bei Genzmer, eine bestimmte ästhetische Vorstellung, was schöner Klang ist. Ich weiß natürlich, dass das, was ich als schön empfinde, für einen anderen nicht ebenfalls schön ein muss. Wenn ich einen Akkord anschlage, in dem Fis gegen f erkling: fis-a-d-f, finde ich das einen wunderschönen Klang. Ein anderer wird über dieses Fis-f immer »stolpern«.

FPM: Sie erhielten Privatunterricht bei Mark Lothar. Was nahmen Sie von ihm mit?

MS: Das Privatstudium bei Mark Lothar verdanke ich Harald Genzmer. Ich hatte ihn gebeten, mir ein Entree bei Mark Lothar zu verschaffen. Mark Lothar war für mich eine der liebenswürdigsten Komponistenpersönlichkeiten, der ich je begegnet bin. Wenn ich zu ihm nach Solln in sein Isartaler Haus gefahren bin, waren dies immer sehr schöne Stunden. Er konnte mir wertvolle Ratschläge hinsichtlich Instrumentation und Musiktheater geben. Unvergessen seine Empfehlung, gerade in einer Orchesterpartitur jedem Instrument beziehungsweise jeder Instrumentengruppe ein Solo zu geben. Einmal sagte er: *Jetzt schaun's einmal, dass Sie etwas mehr für den Bass machen. Da sind lauter so lange Noten.* Daran habe ich mich seither gehalten. Als erfolgreicher Opernkomponist gab er auch wertvolle Ratschläge für ein dramaturgisch gut gebautes Libretto. Als Karl Schumann einen Verriss über Lothars Oper »Der Widerspenstige Heilige« geschrieben hatte, tat er mir leid. Ich fand diese Besprechung einfach nicht der Sache angemessen. Man konnte doch nicht erwarten, dass Lothar plötzlich in einem Stil schreibt, der auch den letzten Freak für Neue Musik begeistern würde. Seine Oper, so viel habe ich damals schon verstanden, war in Ordnung. Schumann hätte doch so viel stilistisches Geschick gehabt, es auch verbrämt darzustellen. Aber zu sagen, Lothars Musik wäre so, als wenn eine Postkutsche über die Straße zockelt, das macht man nicht.

FPM: In dieser Zeit war die Frage: *Tonalität ja oder nein?* eine ideologische Diskussion, da man sagte, die Tonalität war in der Zeit des Nationalsozialismus missbraucht worden und man kann deshalb keine harmonische Musik mehr schreiben. Wie erging es Ihnen in diesem Umfeld?

MS: In Darmstadt oder Donaueschingen soll einer bei einem Vortrag gesagt haben, dass man nach Auschwitz nicht mehr tonal schreiben kann.

FPM: Theodor W. Adorno sagte, dass man nach Auschwitz keine Gedichte mehr schreiben könnte.

MS: Hat er das so gesagt?

FPM: Er meinte damit auch die tonale Musik. Wer tonal schrieb, wurde in eine ideologische Ecke gestellt. War für Sie tonal zu schreiben, eine intellektuelle Entscheidung oder konnten Sie einfach nicht anders?

MS: Ich habe mich getestet. Ist die Tonalität wirklich deines? Ich habe ein Stück geschrieben, das von Ihrem Kollegen Karl-Robert Danler hoch gelobt worden ist, ein Stück für Flöte, Klarinette, Sopran und Schlagzeug auf den Text einer Dichterin aus der Renaissance. Da konnte ich die Zwölftonmusik ein wenig verschleiern. Die Komposition ist sehr linear. Ich sage nicht, dass es ein schlechtes Stück ist. Aber es war letzten Endes nicht ich. Da bin ich in ein Kostüm geschlüpft. Das mache ich an sich gerne. Wenn Sie für Theater Musik schreiben, schlüpfen Sie im Grunde immer in ein Kostüm. Ich habe mich permanent mit der Frage beschäftigt, ob Tonalität für mich die richtige Basis ist. Nach einigen Versuchen in andere Richtungen bin ich wieder reumütig umgekehrt. Das eine wirklich missglückte Orgelstück ist aufgrund eines solchen Ausbruchversuchs entstanden. Es waren keine Heldentaten, dass ich bei der Tonalität geblieben bin, vielmehr muss ich sagen: Ich stehe hier und kann nicht anders. Dass ich deshalb auch Missachtung erlebt habe, ist ganz klar.

Die eigene Sprache

FPM: Wie haben Sie Ihre eigene musikalische Sprache gefunden?

MS: Michelangelo soll sinngemäß gesagt haben, es sei ganz einfach, eine Marmorplastik zu schaffen, man müsse nur das Überflüssige wegschlagen. Auf die eigene Arbeit übertragen, wäre die Interpretation etwa so: sich Klarheit darüber verschaffen, was der eigenen künstlerischen Natur entsprungen ist, was man sich vielleicht ganz unbewusst aus dem herrschenden Mainstream herausgefischt hat, um sich dann dieser Einflüsse zu entziehen. Das ist natürlich nicht so leicht getan wie gesagt. Mozarts Vater soll zu seinem Sohn nach einer Reise, bei der er viel Musik gehört hatte, gesagt haben: *Hoffentlich findest du deine eigene wieder heraus.* Es ist eine nicht ganz unproblematische Situation, in einer Zeit zu leben, in der viel auf einen eindringt, man sehr viel hört. Wenn man als Komponist gefordert ist, etwas zu Papier zu bringen, muss man sich überlegen: *Bin ich es oder bin ich es nicht?* Ich kann mich an eine Situation bei meinem Lehrer Wolfang Jacobi erinnern. Er hat uns einmal etwas von sich vorgespielt und gesagt: *Diese Takte sind nicht von mir und ich weiß nicht, woher ich sie habe.* Zeitlebens prüft man sich: *Bin ich das oder bin ich es nicht?* Aber man darf es auch nicht übertreiben.

FPM: Die Avantgarde stellt die Neuartigkeit der Tonsprache in den Vordergrund. Ist Neuartigkeit, Originalität für Sie zentral?

MS: In der Musik gibt es verschiedene Typen. Es gibt Persönlichkeiten, die eine neue Tonsprache gefunden haben. Ich bin so ketzerisch zu behaupten, dass Mozart keine neue Tonsprache erfunden hat. Noch ein Vergleich: Hindemith hat geschrieben, dass es zwei Komponistentypen gibt: Die einen entdecken ein Land und die anderen kolonisieren es. Man feiert gerne die, die etwas Neues entdecken, aber weniger die, die es kolonisieren. Ich bekenne mich ganz eindeutig dazu: Ich bin zufrieden, ein neu entdecktes Land mit zu kolonisieren. Ich sehe für mich die Aufgabe, etwas, das im Verlauf der letzten 100 Jahre entdeckt wurde, mit zu kultivieren. Es geht gar nicht so sehr darum, etwas, das »nach vorne« geht, zu verstärken. Ich habe fast den Eindruck, dass wir heute als Komponisten darauf sehen müssen, dass die ganz Großen, die Schöpfer der Neuen Musik, sich normal etablieren. Es ist doch überhaupt nicht so, dass Strawinsky, Hindemith, Bartók eine Selbstverständlichkeit sind. Busoni komponierte 1912 die »Sonatina seconda«, die als erstes wirklich atonales Stück gilt. Ich empfinde es als Groteske, dass nach mehr als 100 Jahren dieses Werk noch immer von vielen als Neue Musik angesehen wird! Wenn ich mich mit Akademikern unterhalte, sind die meisten über Literatur informiert, sie kennen auch die Namen Gerhard Richter und Georg B. Baselitz, aber sie haben kein Problem, völlige Ignoranten zu sein, was Musik anbelangt. Sie sind teilweise sogar stolz darauf, dass sie sich mit solchen »Neutönern« nicht befassen. Meine Aufgabe als Komponist ist, eine Tonsprache als allgemein akzeptabel, entsprechend dem heutigen Empfinden mit zu etablieren. Ich glaube, dass wir heutigen Komponisten keine Chance haben zu überleben, wenn nicht das, was unmittelbar vor uns war, eine Selbstverständlichkeit geworden ist. Natürlich komme ich nicht aus einem luftleeren Raum. Ich betrachte meine Musik nicht als creatio ex nihilo, sondern ich versuche, im Rahmen der ganz natürlich fortschreitenden Entwicklung einen Beitrag zu leisten, der meinen Fähigkeiten und Empfindungen entspricht. Mehr will ich nicht.

FPM: Wie kommt man als Komponist heute zu seinem Publikum oder: Wie findet das Publikum den Komponisten?

MS: Man muss den inneren und äußeren Weg trennen. Wenn man Glück hat, läuft der äußere Weg über den Konzert- und Opernbetrieb. Man ist stolz, in einem Programm aufzutauchen, in dem die erste Nummer ein Stück von Mozart ist, dann kommt man selber an die Reihe, und zum Schluss ein Beethoven-Streichquartett. Aber entscheidend ist, ob dann eine gleiche Wellenlänge entsteht. Da kommt es darauf an, wie ich schreibe. Nach einem meiner letzten Konzerte hat jemand gesagt: *Wenn ich Ihre Musik höre, habe ich das Gefühl, dass da Herz dabei ist.* Man kann von einem Zuhörer kein größeres Kompliment bekommen. Es muss irgendwo eine humane Botschaft dabei sein. Man könnte sich jetzt auch stundenlang über die Thesen von Ernest Ansermet unterhalten, der ein ganz eindeutiges Plädoyer für tonale Musik gehalten hat.[4] Ich kann leider seine mathematischen Berechnungen nicht in die letzten Facetten nachvollziehen. Da ist die Schulzeit schon zu lange her. Aber ich denke schon, dass von der Physis des Menschen her Grundlagen bestehen, warum bestimmte Arten von Musik »ankommen«. Ich kann letzten Endes nichts dafür, dass meine Musik die Menschen erreicht, aber ich bin darüber glücklich.

FPM: Sie haben einmal gesagt, dass für Sie Komponieren existenziell ist. Was bedeutet das für Sie?

MS: Ein Leben ohne diese Arbeit kann ich mir nicht vorstellen. Die Obsession, von der Max Reger gesprochen hat, möchte ich nicht ins Feld führen. Wenn man sich sicher ist, dass es die spezielle persönliche Aufgabe ist, dieser Tätigkeit nachzugehen, dann gibt es kein wirkliches Hindernis mehr. Dies war der Grund, diesem kategorischen Imperativ nachzukommen. Beim Abschied vom Pegasus-Theater habe ich gesagt: *Kinder, der Berg ruft, nicht der alpine Berg, sondern der Berg Notenblätter.*

FPM: Wodurch werden Sie beim Komponieren inspiriert?

MS: Der erste Anstoß ist meistens sehr prosaisch. Man tritt an mich heran, ob ich Lust hätte für diese oder jene Besetzung ein Stück zu schreiben. Die Inspirationsquellen, soweit es sich nicht um absolute Musik handelt, können Werke der bildenden Kunst sein (siehe »Zeichen der Venus«) oder literarische Vorlagen; so habe ich kürzlich drei Gedichte nach Raphael Alberti für Flöte, Oboe und Harfe geschrieben. Außerdem setze ich mich gerne mit Werken der Vergangenheit auseinander wie in der »Tschaikowsky Paraphrase«. Ich bin mir aber bewusst, wenn man die kompositorische Vorlage aus der Vergangenheit nimmt, schmückt man sich auch teilweise mit fremden Federn. Entscheidend ist aber, was ich selbst dazu beitrage. Da ist für mich ein Komponist wie Max

---

4   Ernest Ansermet: Die Grundlagen der Musik im menschlichen Bewußtsein, München 1961.

Reger das Beispiel schlechthin. Was er in seinen »Mozartvariationen«[5] aus eigener Fantasie gestaltet hat, schließt jede Schmälerung seiner Leistung aus, wiewohl es natürlich irgendwo um Mozart geht. Wenn ich mich aber, wie in den meisten Fällen, ausschließlich meiner persönlichen Imagination überlasse, dann muss ich geduldig auf den zündenden Einfall warten, der den kompositorischen Prozess in Gang setzt.

FPM: Woher kommen diese Einfälle?

MS: Ich mache gerne Folgendes, wie es Strawinsky für sich formulierte. Er sagte in seinen Memoiren: *Der Komponist präludiert wie ein Tier wühlt.* Ich habe einer Klasse des Gymnasiums St. Stephan auf die Frage, wie man zu komponieren beginnt, gesagt: *Es ist wie bei einem Tier, etwa einem Trüffelschwein, wie man es in Frankreich einsetzt.* Der Schulmusiker hat dann eine Klassenarbeit über Musik angesetzt, und da kam auch die Frage: *Wie komponiert Meinrad Schmitt?* Da schrieb dann einer: *Meinrad Schmitt komponiert wie ein Schwein.* Konkret: Ich setze mich wie Strawinsky hin, schlage ein Intervall, einen Akkord an. Ich überlasse mich einer Stimmung. Aber es kann auch passieren, dass gar nichts kommt.

FPM: Komponieren Sie am Klavier oder auf dem Notenblatt?

MS: Beides. Ich kontrolliere am Klavier grundsätzlich alles, soweit man das kann, vor allem, wenn ich einen Zweifel habe, ob es meiner Intention entspricht. Bei einer Orchesterpartitur muss ich mich vor allem auf meine Erfahrung stützen, dass sie wirklich so klingt, wie ich es mir vorgestellt habe. Falls ich ein Gedicht vertone, stellt sich die Melodie ganz von selbst ein. Aber wenn ich mir vornehme: Jetzt schreibe ich ein Adagio für Streichquartett, dann glaube ich, ist dieser Vorgang nicht wirklich erklärbar. Als ich kürzlich das Buch »Ich bin Komponist«,[6] durchgeschaut habe, bin ich auf eine Stelle gestoßen, wo Arthur Honegger gefragt wurde, wie es war, als er ein bestimmtes Stück schrieb. Er antwortete: *Das Einzige, woran ich mich erinnern kann, ist, dass es im Zimmer sehr kalt war.*

FPM: Ist die Musik schon in ihrem Kopf präsent, bevor Sie ein neues Werk niederschreiben? Oder entsteht die Musik beim Schreiben?

MS: Wenn ich ein Stück plane, dann halten sich deduktive und induktive Ar-

---

5 Max Reger: »Variationen und Fuge über ein Thema von Mozart«, op. 132 (1914).
6 Arthur Honegger: Je suis compositeur, Autobiografie, Paris 1951. Übersetzung: Ich bin Komponist, Zürich 1952.

beitsweisen die Waage. Zunächst werde ich mir klar darüber, wie der Grundriss, die formale Anlage, also einsätzig, mehrsätzig, aussehen könnte. Wie lange soll es dauern? Ist dieser dramaturgische Aspekt geklärt, ist das thematische Material aufzuspüren, das dieser intendierten Architektur entspricht. Angenommen, ich plane ein monothematisches Stück, dann kann es passieren, dass sich ungebeten andere Figuren einstellen. So kann es durchaus sein, dass sich die ursprüngliche Planung während der Arbeit verändert. Es kann aber auch umgekehrt sein, dass von den vielen Themen nur eines als das Dominierende übrig bleibt. Dann beginnt jener Assoziationsmechanismus, über den man sich selbst keine Rechenschaft geben kann. Man könnte also lapidar sagen: Es fällt mir etwas ein oder es fällt mir nichts ein. Erzwingen kann man es nicht. Sonst wäre ja auch jeder Komponist. Was für eine schreckliche Vorstellung!

FPM: Sie haben Stücke für Orff-Instrumente komponiert. Was bedeutet für Sie das Orff-Schulwerk?

MS: Ich kann Carl Orff gar nicht genug Hochachtung für dieses Genre entgegenbringen, denn er hat als erster die Basis für ein allgemein zugängliches elementares Musizieren geschaffen. Natürlich können Kinder auch andere Instrumente lernen. Aber gerade auf dem flachen Land und wenn es die sozialen Verhältnisse nicht zulassen, gibt's keinen Weg zu Geige, Flöte oder Klavier. Aber wer das Glück hat, in einer Orff-Gruppe zu musizieren, wird das nie vergessen. Das Orff-Schulwerk war eine Jahrhunderttat.

Rolle der Neuen Musik in unserer Zeit

FPM: Sie haben mir erzählt, dass Sie den Fernsehempfang aufgekündigt haben, da Sie die Bilder von Krieg und Leid nicht mehr ertragen konnten. In welchem Verhältnis steht für Sie Ihre Musik zur heutigen Realität?

MS: Ich glaube, ich habe ganz instinktiv eine künstlerische Gegenwelt geschaffen. Das heißt nicht, ich wäre unempfindlich für das Schlimme, das tagtäglich auf der Welt passiert. Aber ich glaube nicht, dass es für meine Arbeit sinnvoll ist, das mit hereinzunehmen. Ich denke, das kanalisiere ich anderweitig. Das arbeite ich in Gesprächen mit Menschen auf, die für eine wirklich substanzielle Unterhaltung ansprechbar sind. Wenn ich komponiere, begebe ich mich in eine Art Gegenwelt; es ist eine ideelle Gegenwelt. Ich vermute, ich leiste da mehr Positives für mich und andere Menschen. Das ist mein Weg.

FPM: Die Oper »ADIEDI« spielt in einer Diktatur. Steht in diesem Werk das Politische im Vordergrund?

MS: Ich erinnere mich an einen Vortrag in der Musikhochschule über I-sang Yun, der damals im Gefängnis saß. Bei ihm hatte man Sorge, er könne in seiner Opernpartitur irgendwelche politischen Botschaften nach außen schmuggeln und man hat ihn schrecklich gefilzt. Der Vortragsredner sagte: *Da sieht man wieder, wie dumm ein solches Regime ist, das nicht kapiert, dass Musik a priori politisch ist.* Das muss man noch präzisieren. Wenn man das altgriechische Wort »politis« nimmt, heißt das einfach »Bürger«, »Mitbürger«. Insofern ist jede Musik politisch, da sie sich an die Mitmenschen richten will. Ich wenigstens will nicht nur für das Kämmerlein komponieren. Aber als Propagandamittel für Politik, insbesondere für eine Ideologie, darf sich Musik nach meiner Überzeugung nicht hergeben. »ADIEDI« ist natürlich ursprünglich eine Satire auf das Spitzelwesen der autoritären Ostblockstaaten, was bei den Kohouts auf reale, schmerzliche Erfahrungen gegründet ist. Ihnen wurde zum Beispiel eines Tages ihr Dackel tot vor die Tür gelegt. Mich hat an dem Stück vor allem die Bühnensituation interessiert. Doch auch alles andere, glaube ich, ebenso diese erwähnte politische Satire, ist in meiner musikalischen Interpretation mit enthalten.

FPM: Musik ist so präsent, wird so viel konsumiert wie nie zuvor. Wo ist da der Platz der Neuen Musik?

MS: Von Boris Blacher wird das folgende Bonmot überliefert. *Frage: Für wen wird moderne Musik geschrieben? Antwort: Für die Fernfahrer. Begründung: Zu der Tageszeit, da moderne Musik im Rundfunk gesendet wird, haben nur noch Fernfahrer das Radio an.* Ich denke, das, was Blacher vor vielen Jahren sagte, feiert traurige Urstände. Doch Neue Musik verirrt sich manchmal ins normale Konzertprogramm. Ein persönliches Beispiel: Kürzlich erklang zwischen zwei Streichquartetten, zwischen Mozart und Beethoven, ein Stück von mir. Was will man sich mehr wünschen? Wird man da nicht wirklich weg gefegt, weiß man, dass man irgendetwas zu sagen hat. Doch meistens existiert Neue Musik in Ghettokonzerten. Ich meine damit Veranstaltungen, wo die lebenden Zunftgenossen unter sich sind. Ich sehe es leider nicht viel positiver. Doch ich betone: Es ist gut, dass es die etwas maliziös bezeichneten Ghettokonzerte noch gibt. München wäre ärmer, wenn der Tonkünstlerverband seine Konzerte einstellen würde. Aber ich bin der Meinung, wir, die wir ein bestimmtes Land kultivieren wollen, nämlich die sogenannte Neue Musik, müssen ins normale Programm. Dadurch, dass wir meistens unter uns sind, geht nichts voran.

FPM: Viele Menschen sagen, Neue Musik ist schwierig, manche meinen sogar, dass sie wegen der Dissonanzen nicht anhörbar ist. Mozart hat es fertig gebracht, populäre Stücke zu schreiben. Darf Neue Musik auch populär sein?

MS: Da möchte ich Folgendes mit aller Vorsicht sagen: dass Neue Musik beim Durchschnittshörer teilweise als nicht anhörbar verstanden wird, kann ich gut verstehen. Man muss zugeben, dass es teilweise nicht nur am musikalisch ungebildeten Hörer liegt. Nach dem Grundsatz *Clericus clericum non decimat*[7] möchte ich nicht näher darauf eingehen. Aber in Verantwortung gegenüber meiner psychischen und physischen Gesundheit werde ich mich gewiss nie mehr in die Gefahr begeben, das Violinkonzert eines bestimmten Komponisten, dessen Namen ich nicht nennen will, anzuhören. An die rasenden Kopfschmerzen, als ich den Herkulessaal verließ, kann ich mich noch allzu deutlich erinnern. Es ist mir klar, das ist etwas sehr Persönliches. Aber ich denke, es ist durchaus in Ordnung, auch etwas sehr Provozierendes zu sagen, wenn man dazu steht. Neue Musik darf natürlich populär sein. Wer würde zum Beispiel nicht einen Verdi beneiden, der zu »Ehren« der Drehorgelmusik gelangt ist. Aber Musik darf es keinesfalls sein wollen. Ich empfinde das als unehrlich oder als peinliche Anbiederung. Das hat nichts zu tun mit der Haltung *Odi profanum vulgus et arceo.*[8] Vielmehr habe ich jahrelang gesagt, wenn heute einer kommt und im selben Grad wie Orff einfach zu schreiben in der Lage ist, dann gewinnt er eine Schlacht für die Musik. Vielleicht geht diese Vision noch in Erfüllung. Ich würde mit Begeisterung zur Kenntnis nehmen, wenn einer wirklich ganz einfach schreiben könnte, aber eben in der Qualität von Carl Orff.

FPM: Wenn jemand in 100 Jahren Ihre Musik anhört, was wollen Sie ihm von unserer Zeit mitteilen?

MS: Sie gehen von der optimistischen Annahme aus, dass es der Menschheit in 100 Jahren noch immer nicht gelungen ist, sich selbst abzuschaffen. Andernfalls wäre meine Absicht die gleiche wie heute: sie am Spaß, den mir die Musik bereitet, teilhaben zu lassen.

FPM: Was ist Ihre musikalische Vision unserer Welt?

MS: Von einem bekannten Komponisten stammen die folgenden Zeilen: *Dem Ende unserer Musikkultur, das nur um ein weniges unserer Kultur überhaupt voraus geht, muss man mit klarem Auge so wie dem Tode entgegen sehen.* Ich hoffe inständig, dass Arthur Honeggers Prophezeiung, die er in tiefer Resignation auf der letzten Seite seines Buches »Je suis compositeur« machte, nicht in Erfüllung geht.

---

7 Deutsche Übersetzung: *Ein Kleriker fordert von einem Geistlichen keinen Zehnten,* oder: *Eine Krähe hackt der anderen kein Auge aus.*
8 Deutsche Übersetzung: *Ich hasse den allgemeinen Pöbel und halte ihn fern.*

Helga Hofmann-Sieber

Meinrad Schmitt:
Seine künstlerische Arbeit für das Pegasus-Theater

Das Licht wird schwächer, das Stimmengemurmel verstummt langsam. Dunkle Stille legt sich über den Raum. In diesem Moment spannungsgeladener Vorfreude setzt Musik ein und der Vorhang schwingt auf. Mit den ersten Tönen breitet sich ein Zauber aus, der den Zuschauer mit auf eine fantastische Reise nimmt und bei jeder Aufführung wieder ein neues Kunstwerk entstehen lässt. Musik, Sprache, Licht, Kostüme und Bewegung formen ein kunstvolles Netz aus Bildern und Stimmungen, das sich in seinem vollen Umfang nur einen kurzen Augenblick erhaschen lässt, bevor es mit dem Schlussakkord bereits wieder anfängt zu zerfließen.

Der Ort dieses Geschehens ist die Stadthalle Schrobenhausen und auf der Bühne präsentiert sich das Pegasus-Theater. Nachdem der letzte Vorhang gefallen ist, und sich der Zuschauerraum langsam leert, setzt geschäftiges Treiben ein. Die Musiker packen ihre Instrumente ein, die Spieler machen sich daran, sich umzuziehen und abzuschminken. Der Inspizient sammelt die Requisiten ein und bringt sie für die neue Vorstellung wieder auf die richtige Position. Feierabend? – Noch nicht ganz. Erst gibt es noch die Nachbesprechung zur aktuellen Vorstellung und Regisseur Meinrad Schmitt wendet sich an das Ensemble: *Das Volk bitte wieder mehr Enthusiasmus, wenn die Kaiserin auftritt, und Akt 2 Szene 3 proben wir morgen vor der Vorstellung nochmal. Die Szene ist zerbrechlich, die dürfen wir unter keinen Umständen verschlampen. Ansonsten hatte das heute schon viel Schönes! Aber ihr wisst ja, Kinder, das Bessere ist der Feind des Guten! Sehen wir uns gleich bei der Nachfeier? Ich gehe schon mal vor und kümmere mich um die Musiker.*

Auch wenn Theater und Ambiente sehr professionell wirken, so ist das Pegasus-Theater doch ein Laientheater, das Meinrad Schmitt und seine Frau Renate Mechler-Schmitt 1983 aus dem Kindertheater der Grundschule Adelzhausen heraus zum Leben erweckt haben.

Es war der harmlose Satz einer Schülermutter, die gemeinsam mit Renate Mechler-Schmitt am Bühnenbild für das aktuelle Theaterprojekt der Schule malte: *Ach, wenn ich die Kinder so sehe, wie sie auf der Bühne stehen, da juckt es mich richtig in den Fingern, selbst einmal zu spielen.*

Oft werden solche Wünsche im Keim erstickt, weil sich niemand findet, der die Kraft, die Fantasie und die Ausdauer hat, ein solches Vorhaben tatsächlich anzugehen. Doch bei Meinrad Schmitt und seiner Frau fiel der Satz auf fruchtbaren Boden. Sie setzten die Idee in die Tat um, und 1983 kam »Das Bärenfell« von Paul Willem in der Turnhalle der Grundschule Adelzhausen unter viel Beifall zur Aufführung. Den musikalischen Rahmen für das Stück bildete ein Orchester, bestehend aus fünf erwachsenen Profimusikern und einer Kinder-Orff-Gruppe, das die von Meinrad Schmitt eigens für »Das Bärenfell« komponierte Musik spielte.

Im Nachhinein resümiert Meinrad Schmitt über diese erste Produktion, dass es nie sein Ansinnen gewesen sei, Massen zu mobilisieren. Doch »Das Bärenfell« habe die Erkenntnis gebracht, dass es möglich sei, vor einer kleinen Klientel erfolgreich, qualitativ hochwertiges Theater zu machen.

Und so wurde mit diesem Stück der Grundstein gelegt für das, was das Pegasus-Theater 30 Jahre lang ausmachen sollte. Ein wichtiges Element war das Einbeziehen von Kindern und Jugendlichen bei den Produktionen sowohl vor als auch auf der Bühne. Das Pegasus-Theater verstand sich als Familientheater und wurde es sogar im doppelten Sinn. Zum einen waren die Stücke inhaltlich meist im lyrisch-komödiantischen Bereich angesiedelt und immer so beschaffen, dass für alle Altersklassen und Ansprüche etwas geboten war. Zum anderen fanden sich in den Folgejahren bei Pegasus im Ensemble oft ganze Familien, die sich an den Aufführungen beteiligten.

Die Textvorlagen für die gespielten Stücke wurden von Meinrad Schmitt intensiv überarbeitet und passgenau auf die Gegebenheiten und Möglichkeiten des Ensembles zugeschnitten. Damit stellte er sicher, dass sich alle Mitwirkenden gemäß ihres Potenzials voll entfalten konnten und gleichzeitig eine hohe Qualität bei der schauspielerischen Leistung gewährleistet war. Ein weiteres wichtiges Auswahlkriterium war die Originalität der Stücke. Neues oder wenig Bekanntes sollte auf die Bühne gebracht werden und Meinrad Schmitt legte viel Wert darauf, Stücke zu finden, die, zumindest in der Region, noch nicht gespielt worden waren.

So verwundert es auch nicht, dass unter der 30 Jahre währenden Leitung von Meinrad Schmitt bei Pegasus drei deutsche Uraufführungen auf dem Programm standen. Den Beginn machte die »Legenda Aurea«. Inspiriert von dem gleichnamigen Werk des Dominikaners Jacobus de Voragine, dem wohl populärsten religiösen Volksbuch des Mittelalters, hatte Meinrad Schmitt Text und Musik für ein Weihnachtsspiel geschaffen, das 1984 in der Wallfahrtskirche Maria Birnbaum in Sielenbach uraufgeführt wurde. In gewohnter Pegasus-Manier handelte es sich dabei jedoch nicht um ein gewöhnliches Krippenspiel. Durch die Beteiligung von Schauspielern, Grundschulchor, Kammerchor, Orff-Gruppe und Orchester wurde das Weihnachtsspiel eher zum szenischen Oratorium. Und neben Maria und Josef fanden sich bei den mitwirkenden Personen auch unerwartete Charaktere wie zum Beispiel der heilige Franz von

Assisi sowie Luzifer höchstpersönlich. Mit dieser Besetzung gelang es Meinrad Schmitt, ein wahres Feuerwerk an Bildern und Stimmungen auf die Bühne zu zaubern. Traditionelle Elemente aus der Weihnachtsgeschichte standen im Wechsel mit innovativen Ideen. So beschworen Chor, Orchester und Orff-Gruppe einen teuflischen Sturm herauf, der in der Kirche über Maria und Josef hinwegfegte, und auch die Todesschreie, der von Herodes ermordeten Kinder, wurden vom Chor dargestellt. Inmitten einer Kulturlandschaft, in der Althergebrachtes streng behütet wird und für gewöhnlich unangetastet bleibt, war dieses Weihnachtsspiel eine Revolution. Und so überrascht es auch nicht, dass die lokale Presse von der Darbietung etwas überfordert schien. In der Zeitungskritik stand zu lesen: [...] *bei so manchem herrscht wohl eine gewisse Zwiespältigkeit von Begeisterung und Ratlosigkeit, aber das ist der Preis, den man für Neues, Unkonventionelles zahlen muss.*[1]

Mehr als zehn Jahre später griff Meinrad Schmitt erneut zur Feder. Empört über die französischen Atomversuche auf dem Mururoa Atoll schrieb er gemeinsam mit weiteren Ensemblemitgliedern innerhalb weniger Monate den Text zu dem Stück »Das Atoll«, das 1997 zur Aufführung kam. Dabei schufen die Autoren unter dem Pseudonym Maxim Farewell ein Werk, das sich mit den Gefahren des unkontrollierten, menschlichen Eingreifens in die Natur auseinandersetzt und mit der Profitgier verantwortlicher Machthaber abrechnet.

Das Stück für die dritte deutsche Uraufführung, »A kiss for Cinderella« von John Matthew Barrie, hatte lange Jahre in der Schublade verbracht, weil es dramaturgisch eine besondere Herausforderung war. Barrie hatte in seinem Stück derart umfangreiche Regieanweisungen eingefügt, dass diese teilweise länger waren als die eigentlichen Dialogtexte. Diese Regieanweisungen enthielten jedoch viel Information und waren gewissermaßen die »Sahne des Bühnenwitzes«. Eine Umsetzung des Stücks ohne den Text der Regieanweisungen im Sprechtext zu berücksichtigen, war deshalb schwierig und hätte zu einem immensen inhaltlichen Verlust geführt. Erst als Meinrad Schmitt einen dramaturgischen Kunstgriff einbaute und die Liste der Charaktere um die Rolle eines Erzählers, der den zusätzlichen Text übernahm, ergänzte, wurde das Stück in all seinen Facetten spielbar und kam 2011 als erfolgreiche Produktion auf die Bühne.

Das Markenzeichen aller Pegasus-Produktionen war jedoch die Musik, die Meinrad Schmitt komponierte und jedem Stück quasi auf den Leib schneiderte. Dabei griff er Motive aus Werken von Komponisten aus der Zeit der jeweiligen Autoren oder einem anderweitig dramaturgisch passenden Kontext auf und gab ihnen seine eigene, ganz persönliche Handschrift. Diese *Musik im Kostüm*,

---

1 Aichacher Nachrichten, Nummer 291, Montag, 17. Dezember 1984.

wie Meinrad Schmitt sie selbst nennt, wurde bei den Aufführungen von einem Orchester live vorgetragen und verlieh den Pegasus-Produktionen einen ganz eigenen Zauber, der in der weitläufigen Landschaft der Laientheater seinesgleichen sucht. Ein weiteres wichtiges Element bei der Bühnenmusik war der Schlusschor, der sich bei vielen Produktionen des Pegasus-Theaters findet. In ihm verdichteten sich Text und Musik zu einer Art Quintessenz des Stücks und rundeten die Aufführungen ab.

Beflügelt vom Erfolg des »Bärenfell« schwang sich Pegasus zu neuen Projekten auf und inszenierte in den folgenden Jahren »Die schlimmen Buben in der Schule« und »Der Talismann« von Johann Nestroy, »Aucassin und Nicolette« und »Der Kater« von Tankred Dorst sowie »Doctor Johann Faust« nach alten Texten in einer Bearbeitung von Meinrad Schmitt. Und das Theater wuchs stetig weiter. Während beim »Bärenfell« zehn Schauspieler auf der Bühne gestanden hatten, waren es fünf Jahre später bereits über 40 Spieler, die »Doctor Johann Faust« zur Aufführung brachten. Auch der Bekanntheitsgrad des Pegasus-Theaters nahm zu und die »Süddeutsche Zeitung« lobte in ihrem Feuilletonteil das Zusammenspiel des Ensembles vor, auf und hinter der Bühne, das *im erfrischenden Ergebnis viele professionelle Unterhaltungsbühnen in den Schatten* stelle.[2]

Doch der große Erfolg und das immense Wachstum stellten das Theater vor ganz neue Herausforderungen. Zum einen wurde die Raumsituation in der Grundschulturnhalle immer beengter, zum anderen stieg durch die immer aufwendigeren Inszenierungen die Belastung für Regisseur und Ensemblemitglieder enorm an. Um den Schulbetrieb nicht über Gebühr zu strapazieren, musste nämlich vor und nach jedem Aufführungswochenende das komplette Bühnenbild auf- und wieder abgebaut werden. Deshalb wurde händeringend nach einem neuen Spielort gesucht, den das Pegasus-Theater schließlich 1991 in der Stadthalle Schrobenhausen fand. Seitdem fand dort fast jedes Jahr eine Pegasus-Produktion statt.

Für die Arbeit von Meinrad Schmitt bedeutete das konkret, dass zwischen Ostern und Pfingsten insgesamt zehn bis zwölf Aufführungen des aktuellen Stücks stattfanden. Im Juni gab es eine kurze Verschnaufpause, doch schon im Juli wurde es Zeit, herauszufinden welche und wie viele Spieler für die nächste Saison zur Verfügung stehen würden. War dieser Punkt geklärt, ging es im August und September auf die Suche nach einem geeigneten Stück. Hatte sich etwas Passendes gefunden, überarbeitete Meinrad Schmitt die Textvorlage und passte sie an das aktuelle Ensemble an. Im Oktober wurde das neue Stück schließlich den Spielern vorgestellt und im Dezember bei der Leseprobe zum

---

2 Süddeutsche Zeitung, Landkreis Dachau, Feuilleton, 31. Januar / 1. Februar 1987, S. 25.

ersten Mal in verteilten Rollen gelesen. In den Wochen danach erstellte Meinrad Schmitt in viel mühseliger Feinarbeit einen Probenplan, der die persönlichen Termine der Spieler berücksichtigte und die Proben aller Einzelszenen und Durchläufe bis zu den Aufführungsterminen festlegte. Die Probenphase begann im Januar und dauerte bis zur Aufführung im Mai an. Neben der reinen Regiearbeit komponierte Meinrad Schmitt parallel auch die Musik, warb Musiker für die aktuelle Produktion an und koordinierte die Orchesterbesetzung für die einzelnen Aufführungstage. Diese Auflistung gibt einen kleinen Einblick, wie viel Arbeit mit dem Pegasus-Theater einherging. Denn auch wenn der Aufführungszeitraum für eine Produktion nur zwei Wochen betrug, so war das Theater trotzdem das ganze Jahr über ein ständiger Begleiter im Alltag von Meinrad Schmitt.

Doch was ist es, das einen Menschen dazu bewegt, über drei Jahrzehnte hinweg beträchtliche Teile seiner Energie und Freizeit in ein Theaterprojekt zu investieren?

Ein solches Engagement geht weit über persönliche Begeisterung hinaus und setzt eine tiefliegende Verbundenheit mit dem Theater voraus. Bei Meinrad Schmitt wurde der Grundstein für diese Theaterverbundenheit schon in der Kindheit gelegt. Er war gerade sieben Jahre alt geworden. Es war Weihnachten mitten im Krieg – eine dunkle, entbehrungsreiche Zeit. Doch dieses Weihnachten hielt für Meinrad Schmitt und seinen Bruder ein ganz besonderes Geschenk bereit – ein Puppentheater. Jede Puppe war ein Unikat und mit viel handwerklichem und künstlerischem Können von seinem Vater selbst hergestellt. Durch dieses erste »Ensemble« voller Charakterdarsteller erschloss sich für Meinrad Schmitt eine völlig neue Welt und weckte in ihm die Faszination und die Leidenschaft für das Theater, die ihn seitdem nicht mehr losgelassen hat.

Dieser »Bacillus theatralis«, mit dem er sich damals infiziert hat, ist es, der ihn dazu bewogen hat, das Pegasus-Theater 30 Jahre lang zu leiten und zu gestalten. Meinrad Schmitt beschreibt den *Status Nascendi* – das Vorgefühl, wie ein Theaterstück auf der Bühne wirken wird und das Gefühl, wenn man ein Stück tatsächlich zum Leben erweckt – als unglaublich motivierend und als wichtige Triebfeder für sein künstlerisches Schaffen.

Doch nicht nur die eigene Motivation schöpfte er aus dieser frühen, kreativen Prägung, er übertrug sie auch auf andere. Kinder, Jugendliche, Erwachsene, mitunter sogar ganze Familien – wen die Idee Pegasus erst einmal gepackt hatte, der blieb, probte regelmäßig, lernte seitenweise Text auswendig, beteiligte sich am Bühnenbau, klebte Plakate und legte teilweise viele Kilometer zurück, um die schönsten Frühlingstage in einer hermetisch abgedunkelten Stadthalle zu verbringen. Auf den ersten Blick mag das seltsam erscheinen, aber Meinrad Schmitt ist es gelungen, mit dem Pegasus-Theater eine literarische Gegenwelt zu schaffen, in der Ästhetik und Fantasie mehr wiegen als der bloße Nutzen und gewinnorientierte Leistung. Unter seiner Leitung war das Pegasus-Theater ein Ort, an dem das Schöne um des Schönen willen existieren durfte und jedem die Gelegenheit bot, sich auszuprobieren, zu wachsen und über sich hinauszuwachsen, aber auch zu scheitern und aufgefangen zu werden.

»Doctor Johann Faust«, 1987, Adelzhausen. Regisseur Meinrad Schmitt mit seiner Truppe im »Künstlerzimmer« während einer Pause (Foto: privat).

Es sind viele liebenswerte Erinnerungen, die in den zahlreichen Aufführungen und Proben stecken. Allen voran sei die Probe zu einer Massenszene aus »Doctor Johann Faust« erwähnt, in der sich die sieben Todsünden der Reihe nach vorstellen sollten. Jeder Spieler hatte nur einen kurzen Satz: *Ich bin der Neid. Ich bin der Hass. Ich bin die Wollust …* So reihten sich die sieben Todsünden aneinander. Auf den ersten Blick sieht das nicht nach einer wirklich schweren Aufgabe aus. Die zunehmende Verwirrung und die »Identitätskrisen« der Todsünden während dieser Probe waren jedoch sehenswert. »Ich bin der Hass.« »Nein, nein, nein … ICH bin der Hass. DU bist der Neid …« Als sich sechs der sieben Todsünden schließlich nach langer und intensiver Diskussion über ihre Identität und die Reihenfolge ihres Einsatzes im Klaren waren, war der Darsteller der Faulheit, der hinter einem Stein auf seinen Einsatz gewartet hatte, konsequenterweise eingeschlafen.

»Doctor Johann Faust«, Jahrmarktszene, Adelzhausen 1987 (Foto: privat).

Unvergessen bleiben aber auch die vielen ausdrucksstarken und beeindruckenden Bilder der einzelnen Stücke, wie zum Beispiel der Kampf von Lanzelot gegen den Drachen im gleichnamigen Stück von Jewgenij Schwarz, bei dem der Held dem Untier auf der Bühne seine drei feuerspeienden Köpfe abschlug. Auf der Bühne wurden Meinrad Schmitts Visionen ein ums andere Mal durch die vielen helfenden Hände des Ensembles und einer immer ausgefeilteren Bühnentechnik prachtvolle Realität. Und der Zauber tat seine Wirkung, denn auf der Bühne war mitunter zu spüren, wie das Publikum gebannt lauschte und mit angehaltenem Atem in die dargebotene Scheinwelt eintauchte.

Zugegeben, manchmal konnte der Entstehungsprozess solcher Aufführungselemente wirklich anstrengend sein. Besonders wenn es um die Abstimmung der Nuancen ging und das Licht, die Position einzelner Gegenstände oder kleine Ablaufdetails wieder und wieder um Winzigkeiten verändert werden mussten. Wenn das finale Ergebnis jedoch stand, musste man unbestritten zugeben, dass das kritische Auge von Meinrad Schmitt die Szene qualitativ enorm aufgewertet hatte. Nicht die Perfektion, aber die Liebe zum Detail und einem stimmigen Ganzen war ein wichtiger Grundpfeiler in Schmitts Regiearbeit. Dabei verstand er es meisterhaft, auch die »leisen Töne« eines Stückes zu treffen, denn oft waren es gerade die ruhigen, lyrischen Passagen, mit denen Meinrad Schmitt die Zuschauer in den Bann der Aufführung zog.

Mit viel Fingerspitzengefühl wechselte er leise und laute, schnelle und langsame Sequenzen ab und legte so stets einen fein abgestimmten Spannungsbogen über seine Inszenierungen. Und immer wieder wartete er mit neuen Ideen und dramaturgischen Einfällen auf. In seiner Pegasus-Bearbeitung des Stücks »Die kluge Närrin« von Lope de Vega, das im Jahr 2000 unter dem Namen »Lopes Traum« zur Aufführung kam, baute er gemäß der Gepflogenheiten der barocken Spielpraxis burleske Zwischenspiele ein, die die Haupthandlung flankierten. In diesen Zwischenspielen implementierte er Elemente aus Tanz, Schwarzem Theater und Puppenspiel. Die Puppen, die bei diesem Spiel zum Einsatz kamen, waren von der Rieder Künstlerin Christine Metz angefertigt worden, die über lange Jahre auch das Bühnenbild bei Pegasus konzipierte und malte. Mit den Puppen schuf sie kleine Meisterwerke an Ausdrucksstärke und Charakter und die neuen Pappmachéspieler Leonor, Gasparo und Ritter Aldomir wurden schon bald die Lieblinge im Ensemble.

Nach dem 30-jährigen Bühnenjubiläum zog Meinrad Schmitt im Jahr 2013 unter seine Regiearbeit einen Schlussstrich und verabschiedete sich mit der Produktion »König für einen Tag« aus dem Pegasus-Theater. Diese Jubiläumsproduktion war kein einzelnes, abendfüllendes Stück, sondern bestand aus den drei Einaktern »Kasperl als Prinz« von Franz Pocci, »König in der Pfütze« von Wilfrid Grote und »Wenn du arm bist, wirst du König« von Dario Fo.

Damit war bereits die Stückauswahl eine Hommage an 30 Jahre Pegasus-Theater und erzählte zwischen den Zeilen den Werdegang des Theaters. Mit Poccis Kasperlkomödie findet sich ein Anklang an das Puppentheater, ohne das es Meinrad Schmitts flammenden Enthusiasmus für das Theater im Allgemeinen und Pegasus im Speziellen vielleicht nie gegeben hätte.

Das Stück »König in der Pfütze« von Wilfrid Grote aus dem Bereich des Kinder- und Jugendtheaters wurde von jugendlichen Darstellern auf der Bühne zum Leben erweckt und ist eine Reminiszenz an das Kindertheater der Grundschule Adelzhausen – den frühen Wurzeln des Pegasus-Theaters.

»Wenn du arm bist, wirst du König« von Dario Fo ordnete sich inhaltlich zunächst auch in das Motto »König für einen Tag« ein, doch durch die Spielebene des Theaters im Theater erzählte das Stück in hohem Tempo und mit viel Bühnenwitz auch, was es bedeutet, ein Theater zu führen, wo es neben dem rein künstlerischen Ansinnen auch leider oft um profane Dinge wie die Beschaffung der nötigen Geldmittel und der Suche nach einem passenden Aufführungsort geht.

»König in der Pfütze«, Text von Wilfrid Grote, Schrobenhausen, 2013 (Foto: Christine Metz).

»Wenn du arm bist, wirst du König« von Dario Fo, Schrobenhausen, 2013 (Foto: Christine Metz).

Abgerundet wurde auch diese letzte Produktion mit einem atemberaubenden Bühnenbild, bestechenden Kostümen und einem mitreißenden Instrumentalensemble, sodass der »Donaukurier« in seiner Zeitungskritik titelte: *Mehr geht nicht.*[3] Genau diesen Titel nahm Meinrad Schmitt in seiner Rede auf, als er sich nach der letzten Vorstellung mit viel Stil und Charme aus dem Theater verabschiedete. Aber ist die Ära Schmitt wirklich vorbei?

Ich denke nein.

Noch heute nehme ich bei Vorträgen automatisch Halbprofil ein, setze wenige aber dafür präzise Gesten und achte bei meiner Sprachmelodie darauf, an den Satzenden meine Stimme zu senken. Häufig werde ich deshalb nach Veranstaltungen auf die souveräne Art des Vortrags angesprochen und stets muss ich dabei schmunzeln. Was in vielen sogenannten Softskillkursen zu Vortrags-, Atem- oder Sprachtechniken mühsam an Kursteilnehmer herangetragen wird, ging bei Pegasus quasi nebenbei. Meinrad Schmitt und seine Frau Renate Mechler-Schmitt verstanden es, neben der Leidenschaft für das Theater auch solide Grundlagen in Auftreten und Sprache zu vermitteln. Jeder Spieler wurde mit dem notwendigen darstellerischen Handwerkszeug ausgestattet, das er im Verlauf der gemeinsamen Probenarbeit mit dem persönlichen Feinschliff versehen konnte.

Und genauso wie mir geht es vielen anderen Spielern des Pegasus-Theaters, die die Gelegenheit hatten, über viele Jahre hinweg mit Meinrad Schmitt und Renate Mechler-Schmitt zu proben.

Es mag sein, dass der Blick der Welt nicht immer auf dem Pegasus-Theater ruhte, aber das Pegasus-Theater veränderte den Blick auf die Welt und machte sie ein wenig schöner. Mehr geht nicht.

---

3   Donaukurier, 28. April 2013.

Meinrad Schmitt

Komponieren für Harfe
Herausforderung der begrenzten Möglichkeiten

In ihrer schier grenzenlosen Fantasie besitzen Kinder die Fähigkeit, Dinge der realen Wirklichkeit in die Sphäre des Wunders, des Märchenhaften zu versetzen und sie als Wesen aus einer anderen Welt zu erleben. So erging es mir, als ich zum ersten Mal im Alter von fünf Jahren von einem Instrument erfuhr, das »Harfe« genannt wurde. Obwohl ich damals noch keinen Ton von ihr gehört hatte und mir ihr Aussehen nur schemenhaft gegenwärtig war, erschien sie mir gleichwohl von einer unwiderstehlich-magischen Aura umgeben. Der äußere Anlass dazu war der Brauch, zur Adventszeit im Familienkreis allabendlich aus einem Buch vorzulesen, in welchem je ein Kapitel einer bestimmten Engels- oder Heiligengestalt gewidmet war, die wiederum als Wegbegleiter auf einer spirituellen Wanderung nach Bethlehem fungieren sollte. So kam es auch zur »Begegnung« mit der heiligen Cäcilia, der Patronin der Musik, der in diesem himmlischen Ambiente die Harfe als Attribut zugeordnet war.

Diese Episode im Kindesalter hatte bei mir einen tiefen Eindruck hinterlassen. Jedoch der brennende Wunsch, dieses Instrument später selbst einmal zu spielen, blieb unerfüllt. Es war schließlich die Orgel, – ebenfalls Cäcilias himmlischem Musikarsenal zugeschrieben – die mir dafür reichlich Entschädigung bot. Aber noch wusste ich nicht, wie gut es das schlitzohrige Schicksal in puncto Harfe noch mit mir meinen sollte; jedenfalls spätestens nach einer Reihe von Jahren, als es mir Tochter und Schwiegertochter als Harfenistinnen präsentiert hatte. Nicht genug damit, bot es mir in der Zwischenzeit auch die Gelegenheit, dieses wunderbare Instrument fürs Komponieren zu entdecken.

Kurioserweise begann dies nicht mit einem Solostück, sondern mit dem »Duo für Harfe und Schlagzeug« (1976), bei dessen Uraufführung ich die famose Harfenistin Therese Reichling kennenlernte. (Sie sollte in der Folgezeit noch manches Werk von mir aus der Taufe heben.)

Für Harfe zu komponieren, könnte man als Herausforderung begrenzter Möglichkeiten bezeichnen. In der Einführung zu seinem »Konzert für Harfe und Kammerorchester« (1951) schrieb Ernst Krenek Folgendes: *Da auf der Harfe die Saiten durch Betätigung von Fußhebeln fortlaufend umgestimmt werden müssen, gilt es als sehr schwierig, für dieses Instrument im sogenannten modernen Stil zu schreiben, weil dieser eine unbehinderte Verwendung aller zwölf Töne zu erfordern scheint [...]. Das eigentliche Problem aber ist der seltsam ungreifbare Klang, der zwischen gewaltigem Rauschen und ohnmächtigem Gezirpe hin und her schwankt.* Auch wenn ich hier Kreneks Ausführungen nicht voll zustimmen möchte, bleibt als Fakt die Notwendigkeit, sich mit den technischen Gegebenheiten dieses Saiteninstruments gründlich auseinanderzusetzen. Dass nun ausgerechnet ein Dodekaphoniker wie Ernst Krenek sich für die Harfe interessierte, mag schon etwas überraschen, denn sie ist und bleibt ihrer Gesamtstruktur nach ein diatonisches Instrument, das heißt simultan nur mit sieben (und nicht zwölf) verschiedenen Tönen ausgestattet, was für die Setzweise mit einschneidenden Konsequenzen verbunden ist.

Zum Verständnis: Die heutige (Doppelpedal-)Harfe ist in Ces-Dur gestimmt; die Tonfolge Ces-Des-Es-Fes-Ges-As-B wiederholt sich im Gesamtumfang von ca. sieben Oktaven.

Kann das einen Komponisten von heute noch reizen?

Sogar sehr, wenn man die Möglichkeiten der *Betätigung von Fußhebeln* sinnvoll anwendet. Diese Pedale – wie sie fachgerecht bezeichnet werden – führen zwar nicht zur unbehinderten Verwendung aller zwölf Töne, wie sie zum Beispiel die Klaviertastatur anbietet, aber dafür zu etwas anderem, für mich sehr Attraktivem, nämlich der Bildung verschiedener Skalen oder Modi, die je nach Konzeption mit einer Dur-Tonleiter wenig Ähnlichkeit besitzen.

Die Pedale, sieben an der Zahl, können durch Niedertreten die ihnen jeweils zugeordneten Töne der Grundstimmung zweimal um einen Halbton erhöhen, also zum Beispiel Ces zu C und Cis, entsprechend Des zu D und Dis und so weiter. Würde man jetzt mit allen Tönen in gleicher Weise verfahren, gelangt man über C-Dur nach Cis-Dur. Behandelt man die Saiten aber unterschiedlich, also unter Verwendung von Grundstimmung nebst ein- oder zweimaliger Halbtonerhöhung, ergeben sich unkonventionelle, noch nicht »abgegriffene« Leiterbildungen.

Dies mag eine kleine Auswahl zahlreicher Möglichkeiten verdeutlichen:

    Ces-D-Es-Fes-Ges-A-B
    C-Dis-E-Fis-G-A-B
    Cis-Dis-Eis-Fis-G-As-H

Wegen der spezifischen Mechanik des Instruments kann die totale Veränderung eines Modus dieser Art nicht schlagartig, sondern nur in »Etappen« erfolgen. Dieses relativ langsame Variieren einer Skala wirkt sich natürlich auf den kompositorischen Vorgang aus. (Eine am Klavier orientierte Satzweise macht das Harfenspiel im sogenannten modernen Stil angesichts des permanenten Pedaltraktierens mehr zum sportlichen als musikalischen Ereignis.) Und ist nicht gerade das Nachklingen der Saiten Beweis genug, wie sehr sich rasch ändernde Harmonik der Natur dieses Instruments entgegensetzt?

So ergab sich in meinen – nicht nur der Harfe gewidmeten – Stücken generell eine spürbare »Kurskorrektur« hinsichtlich des Tempos klanglicher Veränderungen. Die Harmonik schreitet seither langsamer aus, ist dadurch großflächiger und für den Hörer fasslicher geworden. Dies gilt umso mehr, je stärker der Anteil »dissonanter« Klänge ist, mit denen der Komponist aufwartet. Um einem Missverständnis vorzubeugen: nicht der klangliche Härtegrad an sich erschwert die musikalische Rezeption, sondern das Tempo, mit dem sich neue harmonische Reibungen kontinuierlich ablösen.

Lässt man dagegen dem Hörer Zeit, sich auf einen Reizklang »einzuhören«, wird er weit weniger inneren Widerstand dagegen aufbauen, als wenn er sich – um es mit Naturereignissen zu vergleichen – bald Blitz und Donner, bald Hagel, Sturm oder Regenschauer ausgesetzt sieht. Aus diesem Grunde würde es mir entschieden leichter fallen, den »Sacre« von Strawinsky als Schönbergs »Violinkonzert op. 36« für ein »normales« Konzertprogramm einzuplanen. (Dass es hier nicht um einen Qualitätsvergleich geht, sei ausdrücklich vermerkt.)

Zurück zur Harfe, der Ausgangsbasis meiner Darlegungen.

Nach einer Reihe von Solostücken, Kammermusiken und zwei Konzerten, dachte ich es zu rechtfertigen, längere Zeit »Kompositionsurlaub« von ihr zu nehmen, um mich wieder anderer Instrumente anzunehmen. Aber kaum ist dieser Entschluss gefasst, kommt von Interpretenseite unversehens ein (künstlerisch) attraktives Angebot und schon zerplatzen alle Vorsätze wie Seifenblasen. Wie könnte man auch widerstehen, wenn sich plötzlich die Gelegenheit bietet, für die exquisite Besetzung Flöte, Oboe und Harfe zu schreiben?

Ob sich derartige Anlässe auch künftig ergeben, steht in den Sternen. Sicher ist, dass ich mich einer bestimmten Herausforderung mit Begeisterung stellen würde: einem Konzert für zwei Harfen und Orchester, das bislang in meinem Werkkatalog fehlt.

Das Faszinierende dieser instrumentalen Doppelung läge für mich nicht in erster Linie in der Möglichkeit, größeres Klangvolumen zu erzielen, also den Eindruck von *ohnmächtigem Gezirpe* ad absurdum zu führen, sondern in der Fülle neuer unverbrauchter harmonischer Konstellationen aufgrund eines Vorrats von nunmehr zwölf simultan verfügbaren Tönen, über welche das Einzelinstrument, wie dargelegt, nicht verfügt.

Es wäre vielleicht ein Gefühl *als sei die Sonne über einem fremden, schillernden und strahlenden Neuland aufgegangen* (Paul Hindemith, Unterweisung im Tonsatz).

So bleibt die spannende Erwartung, ob und wann mich die Harfe wieder zu einer Komposition herausfordert, von der ich mir dann wünsche, sie sei in dreifacher Hinsicht gelungen: entsprechend dem künstlerischen Anspruch meinerseits, dem Zuspruch des Konzertpublikums und nicht zuletzt in honorem Sanctae Caeciliae.

Meinrad Schmitt

Musik für Kinder

Blättert man in einem Katalog für Bühnenwerke und stößt dabei auf die Rubrik »Theaterstücke für Kinder« muss man sich erst Klarheit darüber verschaffen, was im Einzelfall darunter zu verstehen ist. Dies kann bedeuten, dass Kinder auf der Bühne stehen und ihrem Alter entsprechend Theater spielen, oder – wie in den meisten Fällen – Profischauspieler für junges Publikum ein Stück aufführen.

So ist auch die Bezeichnung »Musik für Kinder« alles andere als eindeutig. Man kann dabei an Kompositionen denken mit dezidierter »Widmung« (zum Beispiel Robert Schumann, »Album für die Jugend«), oder generell an Stücke, die für junge Musici technisch und mental zu bewältigen sind. Hier gibt es erfreulicherweise von Bach bis Bartók und darüber hinaus ein reiches Literaturangebot, wenngleich meist für die »traditionellen« Streich-, Blas- und Tasteninstrumente.

Gleichzeitig darf aber dabei nicht übersehen werden, dass es für sozial benachteiligte Bevölkerungsschichten aus Kostengründen oft sehr schwierig ist, ihrem Nachwuchs auf diesen Instrumenten aktive Begegnung mit Musik zu ermöglichen. Deshalb muss man es Carl Orff als epochalen Verdienst anrechnen, mit dem nach ihm benannten Schulwerk die Basis für ein allgemein zugängliches, elementares Musizieren geschaffen zu haben. So entstand echte »Musik für Kinder«.

Verfügen die dafür zuständigen Institutionen (Volks-, Musikschulen etc.) über ein entsprechendes Instrumentarium und – vor allem – über eine kompetente Lehrkraft, wird man mit Erstaunen feststellen, wie rasch sich im Vergleich zu Anfängern einer Streichergruppe klanglich überzeugende Ergebnisse erzielen lassen. (Auf Stabspielen kann man nicht »falsch« im Sinne der Intonation spielen!)

Ich hatte das Glück, solche Voraussetzungen an einer Grundschule vorzufinden, was zu jahrelanger, fruchtbarer Zusammenarbeit führen sollte. Im Sinne des selbst gewählten Mottos »Für Profis und Laien« (mit Betonung auf »und«) schrieb ich für den dort stetig wachsenden Klangapparat diverse Stücke, die über die engen Schulmauern hinaus Resonanz fanden. Dazu mehr nach den folgenden Darlegungen.

Nachdem bisher nur die von Kindern spielbare Literatur ins Visier genommen wurde, wende ich mich nun einer anderen Kategorie zu, nämlich den Stücken, welche dieser Zielgruppe ein intensives Hörerlebnis vermitteln möchten.

In diesem Zusammenhang stößt man zwangsläufig auf Prokofiews sinfonisches Märchen »Peter und der Wolf« (das meist strapazierte Stück dieses Genres) oder auf Brittens »The Young Person's Guide To The Orchestra«, zwei exemplarische Beispiele dieser Gattung. Da sich in diesen Werken klangsinnliche und strukturelle Elemente in Balance halten, sprechen sie gleichermaßen den emotionalen wie den kognitiven Bereich an und bilden damit die Grundlage für ein umfassendes Erleben von Musik.

In diesem Sinne konzipierte ich »Crespino und König Tulipan« für Soloklarinette, Sprecher und Orchester (1990). Dieses Märchen **über** (und nicht **mit**) Musik enthält neben Informationen über koloristische und technische Möglichkeiten einzelner Instrumente auch ein Kompendium satztechnischer Finessen, insofern eine bekannte Mozartmelodie neben ihrer Originalgestalt auch in Umkehrung, Krebs und Diminuition auftritt. Da diese Varianten stets durch die Textdramaturgie, also den logischen Gang der Handlung bedingt sind, ist die Gefahr eines »erhobenen pädagogischen Zeigefingers« a priori gebannt.

Ein weiterer Bereich von »Musik für Kinder« erschloss sich mir bei meinem nächsten Musikmärchen »Der Turm des Aeolos« (1998) für Sprecher, Orff-Gruppe und Orchester. Die Inspirationsquellen dazu hatten denkbar unterschiedlichen Ursprung. Der eines Tages durch vier Kontrabassstäbe erweiterte Klangbereich der oben genannten Orff-Gruppe verband sich mit persönlichen Urlaubsimpressionen von der Kykladeninsel Tinos, der Behausung des mythischen Windgottes, zu einer im antiken Griechenland angesiedelten Geschichte. Dem Titel entsprechend türmen sich hier über dem neu gewonnenen Bassfundament des Schlagwerks immer neue Klangschichten auf, was in etwa dem Grundriss einer Passacaglia entspricht. Ein besonderes Erlebnis für die jungen »Orffinisten« bedeutete dabei das erstmalige Zusammenspiel mit einem Erwachsenenorchester in sinfonischer Besetzung.

Damit hatte für mich der Begriff »Musik für Kinder« längst eine neue Dimension erhalten. Mit »Gaulimauli Stachelschwein« (2005) und »Der Rubin« (2009), beide in der Besetzung Sprecher, Orff-Gruppe, Orchester und Publikum wurden die Möglichkeiten, eine Geschichte über Musik zu präsentieren, noch einmal erweitert. Hinzugekommen war eine verstärkt theatralische Komponente, da nun neben dem Erzähler noch andere, individuell agierende Personen (nebst Sprechchor) den Text gestalten; gewissermaßen eine halbszenische Aufführungsform.

Zudem erschien es mir auf der Suche nach der idealen Konzertform für Kinder unumgänglich, die Kluft zwischen aktivem Musizieren und passivem Zuhören zu überwinden, mit anderen Worten, das Publikum in den Ereignisablauf mit einzubeziehen. Durch bestimmte, ihnen zugeteilte Klangattribute muss zum Beispiel bei »Gaulimauli« eine Person (Papageno) gefunden, im »Rubin«

zwischen guten und bösen Geistern unterschieden werden. Durch vereinbarte Handzeichen signalisieren die Zuhörer ihre persönliche Entscheidung. Diese »kriminalistische« Herausforderung stimuliert konzentriertes Zuhören und lässt durch das kreative Zusammenwirken aller Anwesenden ein unvergessliches Gemeinschaftserlebnis entstehen.

Ich wünsche mir noch viele Konzerte dieser Art.

Bildteil

Die Familie Schmitt 1953: Meinrad, die Eltern Betty und Alfons, der ältere Bruder Leo (von links nach rechts, Foto: privat).

Das Wasserburger Laientheater führt das Stück »Die listige Dalila« auf, 1951 (Foto: privat).

Aufführung des »Großen Salzburger Welttheaters«, 1954: Hans Airainer als »Vorwitz«, Leo Schmitt, Meinrad Schmitt (von links nach rechts, Foto: privat).

Meinrad Schmitt, 1957, während der Probe zu der Marionetten-Pantomime »Ein Mensch«, Marionettenbühne »Die Spieldose«, München (Foto: privat).

Meinrad Schmitt (rechts) erhält 1969 zusammen mit Peter Ruzicka (links) von Oberbürgermeister Dr. Arnulf Klett (Mitte) den Förderpreis für junge Komponisten der Stadt Stuttgart (Foto: Bernhard Bürkle).

Meinrad Schmitt spielt 1980 zusamen mit Herbert Blendinger (Bratsche) Werke von Johann Sebastian Bach, Carl Ditters von Dittersdorf und der beiden Interpreten (Foto: privat).

Meinrad Schmitt mit der Harfenistin Jutta Zoff anlässlich der Produktion seines »Concertinos« für Harfe und Orchester, 1980, Bayerischer Rundfunk, München (Foto: privat).

Meinrad Schmitt zusammen mit dem Komponisten Klaus Obermayer, 1985 auf der Landesgartenschau in Augsburg, bei der das Pegasus-Theater den »Talisman« von Johann Nestroy aufführte. Klaus Obermayer wirkte als »Spund« auf der Bühne und als Fagottist im Instrumentalensemble mit (Foto: privat).

Ausflug zusammen mit dem Komponisten Carlos H. Veerhoff (links) und den Gattinnen Marianne Baumann und Friederike Veerhoff, in der Mitte Renate Mechler-Schmitt und Meinrad Schmitt, 1980er-Jahre (Foto: privat).

Internationale Gartenausstellung München 1983: Meinrad Schmitt, Renate Mechler-Schmitt, der Komponist Herbert Baumann und seine Frau Marianne (von links nach rechts, Foto: privat).

Die Preisträger von »Jugend musiziert« nach der Uraufführung von Meinrad Schmitts Klaviertrio »La machina innamorata« in Hamburg, 1993 (Foto: privat).

»Philemon und Baucis« auf Tinos, wo Meinrad Schmitt oft seine Ferien verbrachte: Mama Elena und Barba Mitson, das heißt Elena und Dimitri Bon, 1994 (Foto: privat).

Am Flügel: Meinrad Schmitts Schwiegertochter Marlis Neumann, seine Frau Renate Mechler-Schmitt und sein Sohn Markus Schmitt, Anfang 1990er-Jahre (Foto: privat).

Ständchen zum 60. Geburtstag des Komponisten: die Tochter Uta Schmitt-Kugler, der Enkel Benjamin und der Schwiegersohn Klaus Kugler, 1995 (Foto: privat).

Meinrad Schmitt erhält 1999 von Landrat Theodor Körner die Verdienstmedaille des Landkreises Aichach-Friedberg (Foto: Arthur Müller-Doldi).

Fototermin zum Erscheinen der Kinder-CD »Crespino und König Tulipan« des Theaters Augsburg. Von links nach rechts: Egino Klepper von Cavalli Records, Meinrad Schmitt und Generalmusikdirektor Rudolf Piehlmayer, 2004 (Foto: Gino Fraguela).

Renate Mechler-Schmitt und Meinrad Schmitt, 2008 (Foto: Karl Stöckner).

Nach der Uraufführung des Konzerts für Schlagzeug und Orchester 2010 in Schwerin: der Solist Reinhard Toriser, Meinrad Schmitt und der Dirigent Matthias Foremny (Foto: privat).

Pegasus-Theater: Beifall nach der Aufführung von James Matthiew Barries »A Kiss for Cinderella«, Schrobenhausen, 2011 (Foto: privat).

Das Dalberg-Quartett nach der Aufführung des 2. Streichquartetts von Meinrad Schmitt in Gilching. Von links nach rechts: Johannes Klier (Violoncello), Daniela Pletschacher (Bratsche), Meinrad Schmitt, Dong-Ae Han (Violine), Sandor Galgoczi (Violine), 2014 (Foto: privat).

Leo Schmitt: Posaunenengel des Jüngsten Gerichts, Glasmosaik, vermutlich aus den 1950er-Jahren (im Privatbesitz von Meinrad Schmitt). Das Mosaik seines Bruders inspirierte den Komponisten zum Finale des Konzerts für Posaune, Alphorn und Orchester (Foto: privat).

Franzpeter Messmer

Es könnte eine zukunftsweisende Sache sein
Meinrad Schmitts Musiktheater für Kinder, Jugendliche, Laien und professionelle Musiker

Musiktheater hat im Schaffen von Meinrad Schmitt eine zentrale Bedeutung. Von den meisten anderen Musiktheaterkomponisten seiner Generation unterscheidet ihn sein Interesse am Laientheater: In der Wasserburger Theatergruppe seines Vaters debütierte er 15-jährig als Komponist und bis ins Alter blieb er diesem Genre verbunden. *Es hat jemand gesagt, man soll dort blühen, wo man gepflanzt ist, das heißt, man soll dort arbeiten, wo man hineingeboren ist. Es ist bei mir nichts Aufgesetztes.*[1] Im Lauf seines Lebens komponierte Meinrad Schmitt zahlreiche Bühnenmusiken, Kinder- und Jugendopern, Opern für Laien und Profis und einige Werke für den professionellen Bereich. Wenn er für Laien schrieb, geschah das zumeist für konkrete Ensembles, die er kannte: wie bereits erwähnt für das Laientheater seines Vaters, später für die Grundschule Adelzhausen, wo seine Frau Renate Mechler-Schmitt eine Orff-Gruppe aufgebaut hatte, und viele Jahre lang für das Pegasus-Theater, in dem er selbst Regie führte. Die Arbeit mit den Laien empfand er als inspirierend. *Ich konnte hier ein künstlerisches Hobby ausüben und zugleich wertvolle Erfahrungen für professionelles Musiktheater sammeln. Ich meine damit: Wenn man eine Szene gestaltet, die mit Laien funktioniert, also stimmig ist, hat man eine gewisse Sicherheit, dass es wirklich in Ordnung ist. Dann kann man diese Erfahrung später, wenn man mit Regisseur und Profis arbeitet, einsetzen.* Beim Komponieren für Laien, insbesondere auch für Kinder, stellt er an sich höchste Ansprüche: *Die Herausforderungen an den Komponisten steigen in dem Maße, wie sich der instrumentale Schwierigkeitsgrad absenken muss. Anders ausgedrückt: Für ein Kinderstück, wenn man sich nicht mit Backe-backe-Kuchen-Niveau begnügen will, muss mehr Potential an Fantasie und Energie mobilisiert werden als für ein vergleichbares Projekt mit einer Profibesetzung. Ich habe ein Credo an mich: Für Kinder ist das Beste gut genug.* Zwischen dem Komponieren für Kinder und Erwachsene sieht er keine grundsätzlichen Unterschiede. Wenn er deshalb für professionelle Bühnen komponiert, ist seine Kunst auch dort immer »geerdet«, von seiner Theaterpraxis durchdrungen und bühnenwirksam gestaltet. Dabei setzt er die Errungenschaften der Neuen Musik wie das erweiterte

---

[1] Gespräch des Autors mit Meinrad Schmitt, Klingen, 9. Juli 2015. Alle weiteren wörtlichen Zitate stammen, wenn nicht anders vermerkt, aus diesem Interview.

Klangfarbenspektrum, A-und Bitonalität oder Dissonanzen sehr bewusst ein. So gelingt es ihm, Ausdrucksbereiche zu erschließen, welche die Gespaltenheit, innere Abgründe, aber auch die große Freiheit und Vielfalt der Welt im 20. und 21. Jahrhundert spiegeln.

Bühnenmusik

Meinrad Schmitt schrieb 1953–1954 18-jährig für die Wasserburger Theatergruppe seine erste Bühnenmusik zum »Salzburger Großen Welttheater« von Hugo von Hofmannsthal. 2012, 58 Jahre später, komponierte er für das Pegasus-Theater eine zweite Fassung. In den Jahren dazwischen hatte er die Musik zu 27 anderen Theaterstücken geschrieben. Dabei befasste er sich mit unterschiedlichsten Theaterautoren von modernen Dramatikern wie Tankred Dorst bis hin zu dem Wiener Volkstheaterschauspieler Johann Nestroy. Er sammelte nicht nur umfassende literarische Erfahrungen, sondern entwickelte auch ein sicheres Gespür für theatralische Wirkung. Dabei ging es ihm darum, zum dramaturgischen Kern vorzudringen: *Wenn man durch sinnvolle Eingriffe ein Werk zu einer Durchschlagskraft verhilft, die es vorher nicht hatte, lernt man sehr viel. Es ist absolut kein Geheimnis, dass ich das Salzburger Welttheater an einigen Stellen wirklich zusammengedrängt habe. Weil ich es schon als 18-Jähriger kennenlernte, als ich dafür die Bühnenmusik schrieb, weiß ich, wie das Stück ausufern und dabei verlieren kann.*

Die meisten Bühnenmusiken komponierte Meinrad Schmitt für das Pegasus-Theater, dem ein eigener Beitrag gewidmet ist.[2]

Kinderopern

Ab 1982 entstanden in Zusammenarbeit mit Renate Mechler-Schmitt an der Grundschule Adelzhausen die Kinderopern von Meinrad Schmitt. Beteiligt an diesen umfangreichen Theaterprojekten war die von seiner Frau aufgebaute Orff-Gruppe. Hinzu kamen im Orchester Bläser und Streicher und ein Klavier. Auf der Bühne agierten Schauspieler, Solotänzerinnen, ein Chor, Statisten. Meinrad Schmitt versteht »Kinderoper« als Musiktheater, an dem Kinder, Erwachsene, Laien und Profis mitspielen, für Kinder und Erwachsene als Zuschauer. So entstanden einerseits Kinderopern mit höchsten Ansprüchen an die künstlerische Qualität, andererseits wurde hier ein pädagogisches Konzept verwirklicht, das zukunftsweisend für die Heranführung junger Menschen an die Musik ist. Durch das gemeinsame Erlebnis bei der Entstehung und Aufführung können Begeisterung, musikalisches Verständnis und der Impuls für eine

---

2   Siehe S. 35–44 in diesem Band.

lebenslange Beschäftigung mit Musik, sei es aktiv oder als Zuhörer, vermittelt werden.

Meinrad Schmitt wählte für seine Kinderopern anspruchsvolle literarische Vorlagen: Märchen und Theaterstücke von Autoren der Romantik, von Hans Christian Andersen, Wilhelm Hauff und Franz von Pocci. Die Libretti verfasste er selbst. Er wandelte die im Stil des 19. Jahrhunderts verfassten Vorlagen in Singspiele um, denen es gelingt, das heutige Publikum, und zwar sowohl Kinder als auch Erwachsene, zu fesseln. Wie er dabei vorging, soll beispielhaft anhand von »Der verlorene Schuh« gezeigt werden.

Franz von Pocci veröffentlichte 1875 als »fünftes Bändchen« der »Lustigen Komödienbüchlein« »Aschenbrödel. Märchenspiel in vier Aufzügen«.[3] Meinrad Schmitt änderte den Titel in »Der verlorene Schuh«,[4] und lenkte damit den Blick auf das zentrale Ereignis: Maria, die der Figur des Aschenbrödel in Poccis Stück entspricht, wird bei einer Schuhprobe als die junge Frau erkannt, die vor dem auf Brautsuche befindlichen Prinzen geflohen ist und dabei ihren Schuh verloren hat. Indem er Aschenbrödel einen persönlichen Namen gibt, während ihre Halbschwestern und Konkurrentinnen Namen tragen, die typisiert ihren Charakter spiegeln – Stultitia und Arogantia –, tritt es als individuelle Persönlichkeit hervor, mit der sich die Zuschauer identifizieren können. Meinrad Schmitt strafft Poccis Dialoge, wodurch die Dramaturgie geschärft wird und die Komik drastischer erscheint. So heißt der bei Pocci Freiherr Heinz, Ritter auf Stolzenburg genannte Vater von Maria bei Schmitt Herr von Windbeutel.

Eine wesentliche Änderung gegenüber Pocci ist die Einbeziehung der Musik in die Dramaturgie, sodass wirkliches Musiktheater entsteht. »Der verlorene Schuh« beginnt mit einer Jagd: Die Ouvertüre mit dem Jagdchor wird von dem Fanfarenmotiv mit der Quart g – c bestimmt. Der Topos Jagd verweist ganz vordergründig auf den fürstlichen Zeitvertreib des Prinzen, trifft aber auch hintergründig den Kern des Märchens: die »Jagd« des Prinzen nach einer Prinzessin, die »Jagd« der Halbschwestern, deren Opfer Maria, das Aschenbrödel ist. Dieses Abgründige im Bild der Jagd zeigt Meinrad Schmitt, indem er das C-Dur des Jagdchors in Takt 9 durch die dazu dissonante Fanfare b – d durchbricht, die in Violoncello und Bratsche erklingt und durch die akzentuierten Quartklänge f-b – a-d hervorgehoben wird.

---

3   Franz von Pocci: Aschenbrödel. Märchenspiel in vier Aufzügen, Lustige Komödienbüchlein, fünftes Bändchen, Lentner'sche Buchhandlung, München 1875.
4   Meinrad Schmitt: »Der verlorene Schuh«, Text frei nach Pocci und Musik von Meinrad Schmitt, 1984.

Notenbeispiel 1: »Der verlorene Schuh«: »Ouvertüre – Jagdchor«, Takt 6–10.

Im weiteren Verlauf verlässt die Ouvertüre das gesicherte C-Dur. Zum einstimmigen, rhythmisch akzentuiert deklamierenden Kinderchor treten schnelle Bewegungsmotive in der Flöte und Klarinette und in den rein instrumentalen Teilen wird die Tonalität verunsichert. Dies ist also keineswegs nur eine lustige Jagdmusik, vielmehr sind hier auch Hatz, Flucht und Leid hineingewoben.

Die instrumentalen Nummern wie »Die Erdbeermusik«, die erklingt, als der Prinz der Beeren sammelnden Maria im Wald begegnet, oder die gravitätische, aber zugleich von spitzem Staccato, streckenweiser Atonalität und Dissonanz geprägte Musik im Haus des Herrn Windbeutel erschaffen szenisch-geistige Räume. Doch Meinrad Schmitt charakterisiert mit den instrumentalen Nummern auch Menschen, so mit der »Kasperl-Musik« (Nr. 9, 10, 18) den Witz und die Pfiffigkeit des Kasperl. Dies gelingt dem Komponisten durch wenige Noten und sinnvoll gesetzte Pausen, ein Stilmittel, wie es Mark Lothar in seinen Komödien ebenso einsetzte.

Notenbeispiel 2: »Der verlorene Schuh«: »1. Kasperl-Musik«.

Auch die Tonsprache der Neuen Musik wird von Meinrad Schmitt dramaturgisch verwendet. So kündigt das Kommen des Zauberers Astraleus eine »Drehorgelmusik« an, die auf G- und D-Dur ausgerichtet ist, in der aber die Klarinette bitonal in As-Dur spielt. Der als Musikant auftretende Astraleus erhält von den arroganten und dummen Töchtern des Herrn von Windbeutel wegen dieser »Katzenmusi« eine Abfuhr: *Da müssen S' noch a bissl üben*. Als sich dieser Musikant dann gegenüber Maria als Zauberer Astraleus zu Erkennen gibt, erklingt der »Astraleusakkord«, ein Cluster aus dem Tönen b-c-cis-d-es-e-fis-g, der als magischer Klang von den Glasperlenspielen und dem Metallophon, mit Becken und Triangel hervorgebracht wird. Auf Marie – und das Publikum – wirkt hier die Neue Musik wie Zauberei und Magie.

Vordergründig erscheint »Der verlorene Schuh« als ein Singspiel für Kinder. Doch durch eine enge dramaturgische Verflechtung, durch hintergründige, auch abgründige Bezüge entsteht eine Kinderoper, die den tiefen Gehalt des Märchens auf die Musiktheaterbühne stellt und seine auch heute noch aktuelle Bedeutung für Kinder, aber auch für Erwachsene zu einem packenden Erlebnis gestaltet.

Jugendopern

In den Jugendopern widmet sich Meinrad Schmitt Stoffen, die realistischer als die der Kinderopern und heute eher unbekannt sind. »Peter Sequenz« gestaltet »frei nach Andreas Gryphius« das aus Shakespeares »Sommernachtstraum« bekannte »Rüpelspiel«. Dort ist Peter Sequenz ein einfacher Handwerker, der mit seinen Kollegen ein Theaterstück für den König, nämlich »Pyramus und Thisbe« aufführt. Bei Meinrad Schmitt ist Peter Sequenz ein Schulmeister, der eine Laiengruppe aus dem Drechsler Klotz, dem Weber Lollinger, dem Schmied Krix, dem Schreiner Klipperling und dem Blasbalgenmacher Bulla Butän anführt. Schmitts Jugendoper bezieht ihre komödiantische Wirkung aus den Charakteren, die der Komponist in seinem Vorwort so beschreibt: *Der Schulmeister Sequenz wichtigtuerisch und voll eingebildeter Gelehrtheit, Bulla-Butän leicht skeptisch, ein derber Muskelprotz, Klotz behäbig und als Thisbe vergeblich nach weiblicher Grazie ringend, Lollinger quecksilbrig und stimmbegabt, Klipperling eine Hungergestalt und der Hans Wurst als tragisch-komischer Liebhaber.*[5] Die Gesangsrollen sind so komponiert, dass sie *mit dem durchschnittlichen Schülermaterial*, wie Schmitt im Vorwort schreibt, bewältigt werden können. Nur für die Rolle des Lollinger ist eine *gute, tragende Tenorstimme* notwendig. Die Komik ist auch im Bereich des Grotesken angesiedelt, was insbesondere bei der Rolle der Thisbe, die von dem Drechsler Klotz, einem Bass, verkörpert wird, zum Ausdruck kommt, wenn dieser in die Falsettlage wechselt.

In »Don Ranudo de Colibrados« des dänischen Barockdichters Ludwig Holberg wird ein verarmtes, heruntergekommenes adeliges Ehepaar, das sich nur durch das Bewusstsein aufrecht hält, zu den vornehmsten Familien Spaniens zu zählen, einem überaus komischen Dienerpaar gegenübergestellt. Meinrad Schmitts Jugendoper entdeckt ein großes Stück der Weltliteratur wieder, bringt den zeitlosen Kern sozialer Probleme auf die Bühne und entfaltet eine mitreißende musikalische Komödie.

»*Der Spielhansl*«, Volksschule Adelzhausen, 1990 (Foto: privat).

5   Meinrad Schmitt: »Herr Peter Sequenz«, Jugendoper in zwei Bildern, Klavierauszug 1962, Vorwort.

Die Abgründe des Menschseins zeigt die Komödie »Der Spielhansl«, die Meinrad Schmitt nach dem Märchen der Gebrüder Grimm 1964 schrieb, in der es um Himmel und Erde geht. In diesem barocken Weltenspiel treten Petrus und Luzifer, aber auch der Tod auf. Im Zentrum steht der Spielhansl, der bei Petrus drei Wünsche frei hat. Er wählt Glück beim Spiel, genügend Wein und einen Baum mit allen Früchten, auf dem derjenige, der hinaufsteigt, fest angewachsen bleibt. Der Spielhansl gewinnt von da an immer beim Kartenspiel, betrinkt sich ausgiebig und hält den Tod auf dem Baum gefangen, sodass sieben Jahre lang kein Mensch mehr stirbt. Doch dann holt Petrus den Tod vom Baum und dieser nimmt den Spielhansl in die Hölle, wo er – wie sollte es anders sein – weiter Karten spielt, was Meinrad Schmitt durch ein musikalisches Bild darstellt: Pauken, Posaunen, Große Trommel spielen eine »höllisch« tiefe, dunkle und dissonante, bedrohlich chromatisch nach oben strebende Musik:

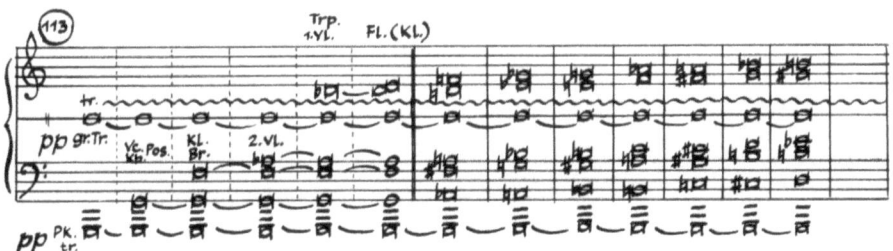

Notenbeispiel 3: »Der Spielhansl«: »Kartenspiel in der Hölle« (Nr. 113).

Der Spielhansl wird von Petrus auch in den Himmel hineingelassen. Allerdings stürzt er nach einiger Zeit auch wieder aus dem Himmel heraus, was durch ein Glissando der Streichinstrumente dargestellt wird:

Notenbeispiel 4: »Der Spielhansl«: »Der Sturz aus dem Himmel« (Nr. 132).

Musikalisch besteht der »Spielhansl« aus einzelnen Liedern, die solistisch oder vom Chor vorgetragen werden, Auftrittsmusiken, wenn die Hauptfiguren auf der Bühne erscheinen, und tonmalerischen Orchesterzwischenspielen, die zum Beispiel das Auslaufen des Weins aus dem Fass, das Kartenspiel in der Hölle (Notenbeispiel 3) oder den Sturz aus dem Himmel (Notenbeispiel 4) darstellen. Hierdurch entsteht ein am Barocktheater orientiertes Spiel, das zugleich aufgrund der modernen Tonsprache Meinrad Schmitts zum Spiegel der modernen Welt wird: der Mensch als der ewige Spieler ohne Rücksicht auf Himmel oder Hölle, also ob seine Handlungsweise gut oder schlecht ist.

Auch diese Jugendoper ist flexibel konzipiert, sodass sie den Gegebenheiten einer Schule angepasst werden kann. Im Orchester spielen Flöte (oder Klarinette oder Oboe), Streicher, Cembalo (Klavier), Akkordeon und Schlagzeug. Ad libitum können Xylophon (Metallophon, Glockenspiel etc.), Pauken, Klarinette, Trompete, Posaune oder Fagott hinzutreten.

Schmitts Opern für junge Musiker verstehen es, Freude an Musik, vor allem auch an Neuer Musik zu vermitteln. Darüber hinaus sind sie eine Fundgrube für Theaterprojekte an Schulen, da sie publikumswirksam bedeutende Literatur auf die Bühne bringen und für unsere Zeit erschließen.

Oper für Laien und Profis

In einer Zeit, da die meisten Menschen Musik konsumieren, aber kaum noch selbst singen oder ein Instrument spielen, überrascht es, wenn ein Komponist Werke für Musiktheater schreibt, an denen Laien und Profis, Erwachsene und Kinder mitwirken sollen und können. Doch im Werkverzeichnis des Komponisten und Theatermenschen Meinrad Schmitt stellen gerade die Kompositionen, die er als *Werke für Profi- oder Amateurbühne beziehungsweise Zusammenarbeit beider Gruppen* bezeichnet, das Zentrum seines musiktheatralischen Werks dar. Diese Opern sind nicht im luftleeren Raum oder auf dem Reißbrett theaterpädagogischer Theorien entstanden, sondern für konkrete Produktionen, die er im Rahmen des Pegasus-Theaters realisieren konnte. Dass ein zeitgenössischer Komponist sich so intensiv mit Musiktheater für Laien in Zusammenarbeit mit Profis befasst, ist einmalig, auch wenn Meinrad Schmitt auf seine bescheidene Art sagt: *Ich bin nicht der erste Komponist, der das Zusammenwirken von Laien und Profis getestet hat. Wenn ich mich nicht täusche, liegt auch das Stück »Die Flut« von Benjamin Britten auf dieser Linie. Leider hat es nach meiner Erfahrung nicht Schule gemacht. Ich kann für dieses Genre keine wirkliche Vision entwickeln. Denn es geht hier um Ideelles, nicht um Kommerz.* Kann sein Musiktheater an anderen Orten weitergeführt werden? Er beantwortet diese Frage eher skeptisch: *Ob man das übertragen kann, da habe ich meine Zweifel.* Andererseits hofft er doch: *Es könnte eine zukunftsweisende*

Sache sein. Jedenfalls war es visionär, dass er bereits in den 1960er-, 1970er- und 1980er-Jahren des 20. Jahrhunderts Opern komponierte, in denen Profis und Amateure, junge und ältere Musiker zusammenwirken, lange bevor Jugendprogramme wie »Rhythm is it« von Simon Rattle und den Berliner Philharmonikern ins Leben gerufen wurden.

Meinrad Schmitt schuf für die Zusammenarbeit von Laien und Profis innovative und anspruchsvolle Werke, die publikumsfreundlich gleichermaßen junge und alte Menschen fesseln und denen es gelingt, die Sprache der Neuen Musik so einzusetzen, dass sie sinnvoll, bereichernd und spannend erscheint.

Musiktheater, das für eine Zusammenarbeit von Laien und Profis konzipiert ist, kann sich nicht an der Tradition des virtuosen Operngesangs beispielsweise der barocken Opera seria orientieren, sondern muss sich auf volksnähere Formen konzentrieren. Deshalb überrascht es nicht, dass Meinrad Schmitt unter anderem »Die Bettleroper« und »Doctor Johann Faust« für diese Projekte auswählte. Die englische Ballad-Opera wurde damals zumeist von Schauspielern, nicht von Opernsängern aufgeführt. Der Faust-Stoff wurde auf Jahrmärkten von Puppenspielern dargestellt.

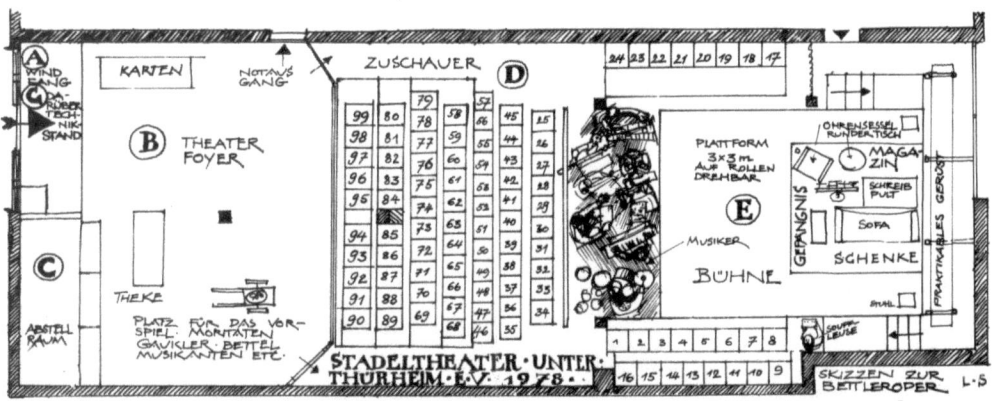

»*Die Bettleroper*«, *Stadeltheater Unterthürheim, 1978.*

Für die »Bettleroper«[6] verfasste Meinrad Schmitt frei nach John Gay den Text. Dieser ist für den Gesamteindruck sehr wichtig, denn Schmitts »Bettleroper« ist »für singende Schauspieler« komponiert. Sprechendes Singen und eine nuancenreiche Sprachdeklamation sind hier zentral. In den Instrumenten erklingt, was hinter der Sprache an Bedeutung und Emotionen steht, etwa wenn Peachum singt *Wohin man sich wendet und dreht, man findet Verleumdung,* erklingen im Klavier Dissonanzen, welche die Härte und Grausamkeit der Gesellschaft spiegeln.

Notenbeispiel 5: »Die Bettleroper«: »1. Lied des Peachum« (Nr. 2).

6 Meinrad Schmitt: »Die Bettleroper oder Die Gauner von London« für singende Schauspieler und Kleines Instrumentalensemble, Text von Meinrad Schmitt frei nach John Gay, Autograf 1978.

Die »Bettleroper« wird in Meinrad Schmitts Komposition zu einem »modernen«, für unsere eigene Zeit aussagekräftigen Stoff. Ihm gelingt hier eine Fortführung der Tradition von Bert Brecht und Kurt Weill.

Für seine Faust-Oper[7] schrieb Meinrad Schmitt ausgehend von alten Puppenspielen ein Libretto, das sich mit dem Faust-Stoff auseinandersetzt, wie er vor Johann Wolfgang von Goethes Drama im 16. und 17. Jahrhundert als Sage über den Alchemisten, Wunderheiler, Wahrsager, Astrologen und Magier im Volksbewusstsein verbreitet war. Die Gretchen-Handlung in Goethes »Faust I« spielt hier keine Rolle. Faust ist ein Wunderheiler, der auf Jahrmärkten sein Geld verdient. Das IV. Bild zeigt einen solchen Jahrmarkt mit Trödler, Besenbinder, Zuckerbäcker und einem Bänkelsänger, der ein Lied über Faust mit dem Refrain singt: *Doktor Faust, der Wundermann zeigt der Welt, was keiner kann.* Ein Bär tanzt, was den Komponisten zu einem Kabinettstück musikalischer Charakterisierungskunst inspiriert.[8] Der für diesen Tanz zentrale Klang D-B-E enthält den Tritonus b-e und die None d-e. Er symbolisiert damit, wie das Tier gequält wird, wenn es seine Tanzfiguren zeigt, die zum Beispiel durch die chromatische Melodie in Klarinette und Flöte angedeutet werden:

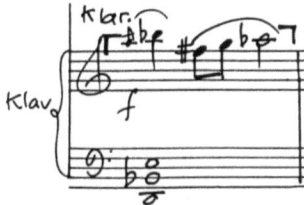

Notenbeispiel 6: »Doctor Johann Faust«: »Bären-Tanz« (Nr. 12, Takt 9).

In diesem Umfeld bietet Doktor Faustus seine Künste an: *Bringt die Siechen und Bresthaften zu mir und ich werde sie durch die heilsamen Kräfte meiner Kräuter und Salben kurieren.* Meinrad Schmitt erdet so Goethes Faust, indem er ihn als Volkstheater, wie es in alten Quellen überliefert wird, auf die Bühne bringt.

»Theater mit Musik« bedeutet dabei, dass Musik und gesprochene Dialoge in eine dramaturgisch überzeugende Verbindung gebracht werden.

---

7 Meinrad Schmitt: »Doctor Johann Faust, ein Volksstück«, Theater mit Musik, Text: Meinrad Schmitt frei nach überlieferten Puppenspielen, Autograf, 1986.
8 Meinrad Schmitt: »Doctor Johann Faust«, Nr. 12 »Bären Tanz«, Partitur ab S. 68.

1. Jedes der sechs Bilder wird durch ein musikalisches Vorspiel eingeleitet. Die Vorspiele zum I., II. III., IV. und VI. Bild werden am Anfang von einem bitonalen Klang in der Orgel eingeleitet, der sich zum Beispiel im Vorspiel zum I. Bild aus dem C-Dur-Akkord im Bass und dem As-Dur Akkord darüber zusammensetzt. Die Dissonanzen und Schwebungen, die dabei entstehen, zeigen die Gespaltenheit, aber auch das Dämonische in der Person des Doktor Faust.

Notenbeispiel 7: »Doctor Johann Faust«: »Vorspiel zum I. Bild« (Nr. 1, Takt 3ff.).

Die Vorspiele zum II., III. und IV. Bild sind darüber hinaus identisch. Dagegen ist das Vorspiel zum V. Bild »Hof zu Parma« anders gestaltet. So beginnt es mit einem C-Dur Klang in der Orgel. Damit wird der Zuschauer darauf eingestimmt, dass nun eine ganz andere Welt folgt: anstelle von Studierstube und Jahrmarkt ein Renaissancehof und die Begegnung mit der schönen Helena aus der Antike. Das Vorspiel zum VI. Bild entspricht dann wieder dem zum I. Bild. Dadurch schafft Meinrad Schmitt eine musikalische Dramaturgie, welche den großflächigen Gang des Geschehens darstellt: im I. Bild schließt Faust den Pakt mit Mephistopheles, im VI. Bild endet dieser Pakt.

2. In den Bildern gibt es singspielartige Liedszenen wie etwa am Anfang das »Lied des Charon«, die »Hanswurst-Couplets« (Nr. 4, 5) oder das »Lied der Herzogin« (Nr. 19) oder das »Teufels-Couplet« (Nr. 23). Zu diesem singspielartigen Bereich gehört auch der bereits erwähnte »Bären-Tanz«.

3. Mit Geräuschen werden einzelne Szenen untermalt und in ein bestimmtes Licht gesetzt, zum Beispiel erklingt in der 8. Szene des II. Bildes ein »Geräuschteppich«, wenn Faust mit dem Teufel spricht, oder es werden die sieben Todsünden durch Glissandi, Triller oder kurze Musikstücke dargestellt, zum Beispiel die »Wollust« durch ein Duo von Violoncello und Bratsche:

Notenbeispiel 8: »Doctor Johann Faust«: III. Bild »Die 7 Todsünden« (Nr. 7, Wollust).

4. In »Auftrittsmusiken« wird die Person charakterisiert, die auf der Bühne erscheint. Für Faust erklingt der bitonale »Faust-Akkord«, der die Gespaltenheit des Gelehrten in dem gleichzeitig erklingenden cis-Moll- und B-Dur-Akkord symbolisiert und den der Komponist im Autograf als »Spiegel« bezeichnet:

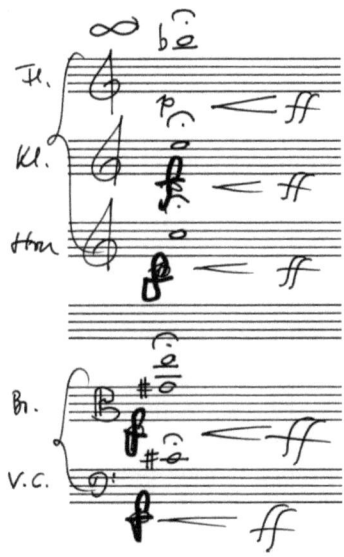

Notenbeispiel 9: »Doctor Johann Faust«: »Faust-Akkord«, III. Bild (Nr. 9).

Meinrad Schmitts »Doctor Johann Faust« bringt Sprech- und Musiktheater in einen musikdramaturgisch durchdachten Zusammenhang und ist prall gefüllt mit musikalischen Szenen, welche die Sinne und die Fantasie ansprechen. Die Tonsprache der Neuen Musik mit ihren vielfältigen Klängen und Klangfarben stellt den vieldeutigen Charakter von Faust und seine Welt der Magie und des Zaubers dar.

In der »Legenda Aurea«, die in der Wallfahrtskirche »Maria Birnbaum« 1986 uraufgeführt wurde, wirken ein professionelles Instrumentalensemble, eine Orff-Gruppe, ein Kinder- und Jugendchor, Gesangssolisten und Laienschauspieler zusammen. Daraus entsteht ein »szenisches Oratorium«, wie es im Untertitel des Werkes[9] heißt, das für unsere Zeit in der Tradition des Jesuitentheaters im 16. und 17. Jahrhundert Texte und Begebenheit aus der Bibel szenisch gestaltet. Meinrad Schmitt gibt mit dem Titel »Legenda aurea«, der sich auf das Volksbuch mit Heiligenlegenden des Dominikaners Jacobus de Voragine (1228–1298) bezieht, einen Hinweis, wie er dieses szenische Oratorium verstanden wissen will: Es erzählt die Weihnachtsgeschichte mit dem Heiligen Franz von Assisi als Erzähler aus der Sicht des Volkes; sie wird auf diese Weise zum Volkstheater, an dem alle – Kinder, Erwachsene, Laien- und Profimusiker – beteiligt sind. Damit ist dieses Werk das Gegenstück zum Weihnachtsoratorium von Johann Sebastian Bach, das – abgesehen von den Chorälen – nur von hoch ausgebildeten Profimusikern bewältigt werden kann. Meinrad Schmitts »Legenda aurea« erhält ihre Eindringlichkeit aus der Einbeziehung von Kindern, die in der Orff-Gruppe und im Kinderchor mitwirken, und von ganz »normalen« Menschen, die in die Rolle von Maria und Joseph, Herodes oder Goliath schlüpfen.

Die Zusammenarbeit von Profis und Laien inspiriert Meinrad Schmitt zu innovativ neuem Musiktheater. Dies gilt insbesondere für zwei Werke: »Faccanappa« und »Das Geheimnis von Colorito«.

In »Faccanappa«[10] wird die Handlung auf der Bühne pantomimisch dargestellt, während die Sänger – Tenor, Bariton, Bass und vierstimmiger Chor, »unten«, wie es in der Szenenanweisung heißt, den zur Handlung gehörenden Text, singen. »Faccanappa« ist eine Figur des italienischen Marionettentheaters und der Commedia dell'Arte. Er verkörpert wie Pantalone, nur mit größerer Weisheit, den alten Liebhaber. Sein typisches Kennzeichen ist die große Nase.[11] Die Commedia dell'arte ist weniger literarisches, sondern vor allem

---

9   Meinrad Schmitt: »Legenda aurea«, Spiel zur Weihnachtszeit, Text von Meinrad Schmitt nach der Bibel, szenisches Oratorium, Autograf 1986.
10 Meinrad Schmitt: »Faccanappa«, Musikpantomime, Text: Meinrad Schmitt, frei nach August von Kotzebue, Autograf, 1965.
11 Vgl. Pierre Luis Duchartre: The Italian Comedy, London 1929, S. 195.

»Legenda aurea«, Wallfahrtskirche Maria Birnbaum, Sielenbach, 1986 (Foto: privat).

körperbestimmtes Theater, in dem Gesten, bisweilen groteske, manchmal auch akrobatische Bewegungen oft mehr als Worte sagen. Durch die Trennung von Sänger und Darsteller gewinnt in diesem Stück das Musiktheater eine neue Dimension, da zur Sprache des Textes und der Musik auch noch die der Gesten hinzukommt. Meinrad Schmitt gelingt es, die drei verschiedenen Ebenen so zu kombinieren, dass nicht nur unterhaltsame Komik entsteht, sondern eine überzeugende Weiterentwicklung der Commedia dell'arte und der musikalischen Komödie.

Eine Errungenschaft der Neuen Musik ist der große Reichtum an Klangfarben, die ebenso wie in der modernen Malerei eine eigene Bedeutung erhalten, losgelöst von der Melodie in der Musik beziehungsweise der Linie in der Malerei. Dieses Thema der Farbe steht in Meinrad Schmitts »Clorito«[12] im Mittelpunkt. Die von der Textautorin Sabine Schulz zusammen mit dem Komponisten entwickelte Handlung ist phantastisch, in der Art von Roald Dahl: In einem Museum posieren die Statuen vor einem fotografierenden Jungen, als ob sie lebendig wären, oder lächeln den Besuchern zu. Doch dann geht plötzlich das Licht aus, die jungen Museumsbesucher kommen in »Colorito« an und erleben eine Achterbahn bedrohlicher, aber auch schöner visueller und akustischer Erscheinungen. So wird der »Farbkreis« durch Gedichte über die Farben Blau, Rot und Gelb dargestellt, dann tanzen Kinder mit entsprechend gefärbten Kostümen zur Musik von Meinrad Schmitt. Der »Farbkreis« ist ein Variationssatz, der zunächst als eine klangfarbenbetonte Musik beginnt (siehe Notenbeispiel 10), in der flirrende Triller, Liegetöne und Glissandi eine statische Klangfarbenfläche hervorbringen. Dann spielen die Streicher Klänge, die sich impressionistisch aus schneller Tremolobewegung zusammensetzen und die Farben Blau, Rot und Gelb darstellen (siehe Notenbeispiel 11, S. 80).

---

12 Meinrad Schmitt: »Clorito«, ein KoKolorisches Kaleidoskopstück für Schauspieler, Kinder- und Kammerchor, Ballett, Orff-Gruppe und Orchester, Text: Sabine Schulz, Autograf 2000.

Notenbeispiel 10: »Das Geheimnis von Colorito«: »Der Farbkreis«.

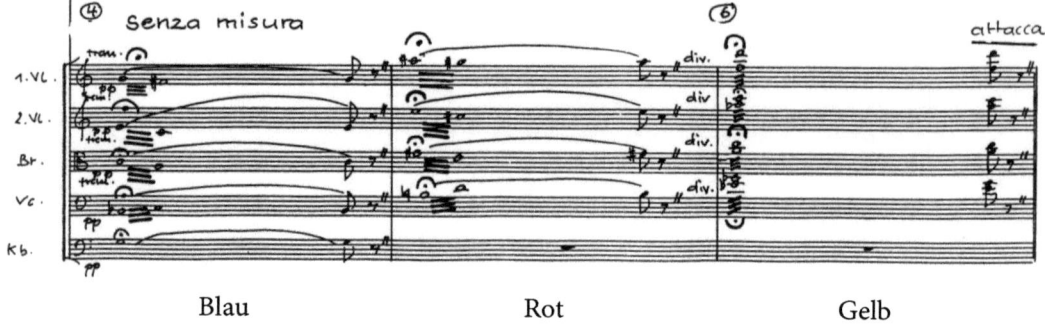

Notenbeispiel 11: »Das Geheimnis von Colorito«: »Der Farbkreis« (Nr. 6).

Dazu tragen die Kinder ein Gedicht über die jeweilige Farbe vor, zu »Blau« beispielsweise:

Blau
die Traurigkeit
wie das Eis
ruhend, kalt und doch
beschützend

In den Variationen treten an die Stelle der statischen Klangflächen nun tänzerische Bewegungsmotive, zu denen die Kinder tanzen.

Gewiss, dieses Stück hat auch ein pädagogisches Ziel: Ein Museumsbesuch wird zu einem spannenden Abenteuer, Farben in der Malerei und der Musik gewinnen Bedeutung. Aber darüber hinaus ist dieses Stück als Musiktheater doch auch höchst innovativ: Die abstrakte Ebene der Farbe, wie sie etwa bei Paul Klee oder Wassily Kandinsky bedeutsam wurde, wird zu einem spannenden surrealen Theaterstück, das synästhetisch Kunst und Musik miteinander verbindet.

Wenn man sich fragt, ob Meinrad Schmitt ein solch neuartiges, fantasievolles und vielseitiges Musiktheater auch hätte entwickeln können, wenn er nur für den Opernbetrieb der Stadt- und Staatstheater komponiert hätte, liegt die Antwort auf der Hand: gewiss nicht! Dazu ist der herrschende Theaterbetrieb viel zu starr und von den Gesetzen des Musikmarktes abhängig. Schmitts Komponieren für Kinder- und Jugendtheater oder für Theatergruppen gemischt aus Profis und Laien ermöglicht ihm eine freiere, kühnere und eigenständigere Ästhetik des Musiktheaters, der es gelingt, die Musik, vor allem auch die Neue Musik, näher und direkter zu den Menschen zu bringen.

Musiktheater für die Profibühne

Explizit für die Profibühne komponierte Meinrad Schmitt die Kammeropern »Der Bär« und »ADIEDI« sowie das Ballett »Ikarus«. Die Handlung der beiden Kammeropern ist im Bereich des Grotesken angesiedelt.

In »Der Bär« nach dem Theaterstück von Anton Tschechow hält die Witwe Petrowna an der Trauer für ihren verstorbenen Gatten weit über das Übliche hinaus fest. Als der Gutsbesitzer Smirnoff, ein derber, ungepflegter Landadeliger, Schulden über 1200 Rubel ihres verstorbenen Mannes zurückfordert und sich weigert, das Haus ohne das Geld zu verlassen, kommt es zum Streit: Petrowna ist sogar bereit, sich mit ihm zu duellieren, was den ehemaligen Artillerie-Leutnant so beeindruckt, dass er sich in sie verliebt und sie überraschenderweise ein Paar werden.

In »ADIEDI« nach dem Theaterstück von Jelena Kohout stehen Adam Svovoda (Adi) und sein sprechender Hund Edi im Mittelpunkt der Handlung, die in einem diktatorischen Regime spielt. Nachdem seine Frau ihn zusammen mit dem von ihm dressierten Hund verlassen hatte, erlitt der Varieté-Künstler Adi einen Nervenzusammenbruch und musste sich in einer psychiatrischen Klinik behandeln lassen. Nun arbeitet er in einer Telefonzentrale und hat einen neuen Hund, dem er das Sprechen beigebracht hat, was er allerdings vor der Öffentlichkeit geheim hält. Doch eines Abends spricht der Hund Edi einen Rentner an, der ein pensionierter Polizeibeamter ist und Adi anzeigt. Adi, der in der Telefonzentrale der schnellste Mitarbeiter ist, wird von der Direktorin der Telefonzentrale vor die Wahl gestellte, bestraft zu werden oder zusammen mit seinem Hund in den Polizeidienst zu gehen. Er wählt gezwungenermaßen das letztere und ist zusammen mit seinem Hund sehr erfolgreich, auch beim Einsatz gegen Dissidenten. Doch Adi weigert sich, weiter mitzumachen und lässt sich in die Telefonzentrale zurückversetzen. Sein Hund ist auf die Direktorin eifersüchtig und verpfeift sie als Dissidentin. Enttäuscht über das Tier, das mit der Sprache auch *alle menschlichen Untugenden gelernt* hat wie *die Eifersucht, den Ehrgeiz, die Gehässigkeit* will Adi den Hund der Polizei überbringen. Sie streiten sich, überqueren unachtsam die Straße und werden von einem Auto angefahren. Der Hund stirbt sofort, dann auch Adi.

Meinrad Schmitt fesselte an diesem Theaterstück das *Psychogramm eines seelisch kranken Menschen* und *die sehr anrührenden Szenen zwischen Hund und Herr, auch wenn sich diese Szenen letzten Endes als die Situation eines Bauchredners entpuppen.*

Gegenüber den Stücken für Laientheater fällt bei diesen beiden Opern auf, dass sie für eine kleinere Besetzung geschrieben sind, sich auf Bühnengesang und instrumentale Begleitung konzentrieren und weniger äußere Theaterwirkungen einbeziehen, sondern das Spiel der Personen in den Mittelpunkt stellen. Dass sie beide im Untertitel Kammeropern genannt werden, hat durchaus eine tiefere Bedeutung: die Musik ist kammermusikalisch gestaltet, verleiht dem Musikdrama eine gewisse Intimität in dem Sinn, dass die Musikdramaturgie von den Empfindungen und Gedanken der handelnden Personen bestimmt wird. Dies ist bei »ADIEDI« besonders signifikant, weshalb dieses Werk nun etwas näher betrachtet wird.

»ADIEDI«, 6. Szene: Im Park, Theater Regensburg, 1995 (Foto: Horst Hanske).

»ADIEDI« besteht aus 21 Szenen, was zeigt, dass in diesem Stück großes, ja virtuoses Tempo, rasche Verwandlungkunst und überraschende Szenenwechsel eine wichtige Rolle spielen, zumal die Sänger in zahlreiche unterschiedliche Rollen schlüpfen müssen. So verkörpert der Sopran die Direktorin der Telefonzentrale, eine Kellnerin, einen Zeitungsverkäufer und eine Politesse, der Alt die Polizeikommissarin, Ganovenfrau und Dissidentin, der Tenor alle Männerrollen vom Polizeipräsidenten bis zum Dissidenten. Nur die Darsteller des Adi, ein Bariton, und Edi, ein Mezzosopran, verkörpern allein diese Rollen. Der Rollentausch bedeutet, dass einer Stimmlage verschiedenste Charaktere zugeordnet sind, der Sänger also sehr wandlungsfähig sein muss. Er bedeutet aber auch, dass in dieser Oper nur bei zwei Figuren, nämlich bei Adi und Edi, Darsteller und Dargestelltes identisch sind, während die übrigen Figuren auswechselbar erscheinen. In der Musik zeigt sich diese individuelle Sicht auf die Personen auch darin, dass Adi und Edi längere Duette singen, die zumeist dialogartig aufgebaut sind, sich aber auch zu gemeinsamem Singen steigern können:

Notenbeispiel 12: »ADIEDI«, 4. Szene, Takt 50ff.

Allerdings verzichtet Meinrad Schmitt auf ein großes Schlussduett am Ende der Oper, als beide verletzt auf der Straße liegen – und dieses Schlussduett ist auch nicht möglich, da ja Adi und Edi ein und dieselbe Person sind, nämlich der an Schizophrenie erkrankte Bauchredner, der erkennt – in der Rolle seines Hundes – dass er wieder rückfällig geworden ist.

Das Orchester ist reduziert auf eine Kammerbesetzung aus drei Holzblasinstrumenten – Flöte, Oboe, Klarinette –, denen drei Streichinstrumente – Viola, Violoncello und Kontrabass – gegenübergestellt sind; hinzu kommt das Schlagzeug. Zumeist werden diese Instrumente nicht im Tutti eingesetzt. Vielmehr dienen einzelne Instrumente, zumeist polyphon gesetzt, dazu in der Art einer »inneren Stimme« die Bühnensituationen als ein psychisches Drama darzustellen. So zeigt die absteigende Melodie in der Flöte, dann in der Oboe die Angst von Adi, dass sein Hund entdeckt wird, als die Direktorin die Frage stellt: *Wovon reden Sie eigentlich?*

Notenbeispiel 13: »ADIEDI«, 3. Szene, Büro der Direktorin, Takt 20ff.

Doch die Instrumente werden auch eingesetzt, um die äußere Wirklichkeit zu charakterisieren. So stellt Meinrad Schmitt die hektische Atmosphäre in einer Telefonzentrale durch einen vom Foxtrott inspirierten Rhythmus dar, der die Arbeit als eine Art schnellen, hektischen Tanz charakterisiert.

Notenbeispiel 14: »ADIEDI«, 2. Szene Telefonzentrale, Takt 13ff.

Die 21 Szenen werden von elf Zwischenmusiken untergliedert. Sie markieren die wesentlichen Stationen der inneren Handlung. Die 1. und 2. Zwischenmusik mit dem Titel »Lärm in der Telefonzentrale« verweisen auf Adis neuen Beruf, in dem er erfolgreich Fuß fasst. Die 3. Zwischenmusik »Edi wartet auf Adi« zeigt die Diskrepanz zwischen seiner neuen Welt (die der Telefonzentrale) und seiner alten, die durch den Hund verkörpert wird. Die 4., 5. und 6. Zwischenmusik, alle drei sind identisch, bezeichnen den diktatorischen Staat (»Polizei und Staatsgewalt« – »Adi und Edi im Polizeidienst«), die 7. Zwischenmusik beschreibt »Edis Weltschmerz« über das Ende der Zusammenarbeit mit Adi als Polizeispitzel, die 8. und 9. Zwischenmusik sind identisch mit der 1. und 2., was die Rückkehr Adis zu seinem alten Beruf markiert. Doch die 10. spiegelt die »Identitätskrise« wieder, die 11. schließlich den »Identitätsverlust«. Diese Zwischenmusiken sind eine Art »Kammermusik«, die sehr differenziert und geradezu seismografisch innere, psychische Zustände und Entwicklungen darstellt. Der anfängliche »Lärm in der Telefonzentrale« zeigt, wie Adi im Getriebe der Welt seinen »Flow« findet, wie die Psychologen sagen, aus dem er dann in der »Identitätskrise« (10. Zwischenmusik) durch harte, dissonante Akkordschläge herausgerissen wird:

Notenbeispiel 15: »ADIEDI«: 10. Zwischenmusik, Identitätskrise.

Den »Verlust der Identität« stellt Schmitt durch einen gläsernen, lange gehaltenen Fermate-Akkord im hohen und höchsten Tonbereich dar, zu dem eine Sechstonfigur als Ausschnitt einer Zwölftonreihe im Glockenspiel zunächst langsam, dann sich zu *furiosem Presto* steigernd gleichsam zu Tode läuft.

Notenbeispiel 16: »ADIEDI«: 11. Zwischenmusik, Identitätsverlust.

»ADIEDI« ist nach innen gerichtetes Musiktheater, welches das Drama der Psyche zeigt, in Jelena Kohouts Theaterstück verschärft durch die Gewalt in einem diktatorischen und autoritären Staat: Adi, der sich ihm zeitweise anpasst, und mit ihm kooperiert, verliert darüber seinen Verstand.

Peter Wittrich

Melodischer Instinkt und handwerkliches Kalkül
Meinrad Schmitts begleitete Sololieder sowie Chorwerke

A something in a summer's day *As slow her flambeaux burn away* *Which solemnizes me.*	Etwas an einem Sommertag, wenn seine Fackeln niederbrennen, das stimmt mich feierlich.
A something in a summer's noon – *A depth – an Azure – a perfume –* *Transcending extasy.*	Etwas an einem Sommertag – Ein tief azurnes Blau, ein Duft, ein Traum, ein unfassbares Glück.
And still within a summer's night *A something so transporting bright* *I clap my hands to see –*	Bis in die Nacht hinein ein Zauberlicht; Ich klatsche Kindern gleich – Es anzuschau'n in meine Hände.
Then vail my too inspecting face *Lest such a subtle – shimmering grace* *Flutter too far for me –*	Ich senk' den Blick; Leicht möchte dieses leuchtende Gespinst vor meinen Augen sich verflüchtigen.
The wizard fingers never rest – *The purple brook within the breast* *Still chafes it's narrow bed –*	Die Geisterfinger ruhen nicht, der Purpurbach in meiner Brust quält sich durchs enge Bett –
Still rears the east her amber flag – *Guides still the sun along the crag* *His caravan of red –*	Noch hisst der Ost die Bernsteinfahne, noch führt die Sonn' entlang den Gipfeln die Karawane aus Rubin.
So looking on – the night – the morn *Conclude the wonder gay –* *And I meet, coming thro' the dews* *Another summer's day!*	Und wie ich schau – die Nacht – der Morgen beenden froh dies Wunderwerk, ich treffe wandernd durch den Tau den neuen Sommertag!
(Emily Dickinson, 1859)[1]	(Übersetzung: Meinrad Schmitt)

[1] Zitiert nach: Emily Dickinson, Gedichte englisch und deutsch, herausgegeben, übersetzt und mit einem Nachwort von Gunhild Kübler, München 2006, S. 24.

Ein stimmungsvoller, betörender Text. Eine außergewöhnliche amerikanische Lyrikerin, eine nicht minder attraktive Textwahl. So wie in Schmitts zahlreichen Bühnenwerken ausgefallene, zum Teil unbekannte Sujets oder fantasievolle eigene Libretti als Vorlage dienen, heben sich die Vokalkompositionen in gleicher Weise durch eine sehr persönliche Auswahl der Texte hervor. Sie stehen fern ab von lyrischen Vorlagen, die in den 1970er- und 1980er-Jahren en vogue waren: Friedrich Hölderlin, Franz Kafka, Paul Celan. Nichts davon. An deren Stelle treten die Renaissance-Dichterin Gaspara Stampa, altenglische Barockdichter wie zum Beispiel Richard Corbett oder Ben Jonson, alte chinesische Dichter, eigene Texte oder die bereits erwähnte Emily Dickinson mit ihren berührend-klangvollen und tief empfindsamen Seelenbildern, deren Werk in unseren Tagen zusehends mehr Resonanz erfährt. Erneut ein Beweis dafür, wie sich Schmitt schon damals dem »mainstream« angesagter zeitgenössischer Strömungen mitunter entzieht, im Abseits stehende Dichter in den Fokus seines Interesses stellt und auf diese Weise neue Horizonte aus einem ureigenen Instinkt eröffnet. So apart und unverbraucht die Vorlagen, so raffiniert nachgespürt als klingende Poesien! Doch der Reihe nach.

Im amerikanischen Amherst, Massachusetts, wurde Emily Dickinson 1830 geboren, wo sie 1886 auch starb und insgesamt ca. 1800 Gedichte in 40 Manuskriptbüchern, sogenannten Fascicles, und auf diversen Papieren und Zetteln hinterließ. *In ihrer Vielsinnigkeit widersetzten sich Dickinsons Gedichte jeder thematischen Bündelung,* erläutert Gunhild Kübler im Nachwort der zweisprachig erschienen Ausgabe der Gedichte.[2] Und an anderer Stelle heißt es: Dickinsons Hang zeigt sich *zu antithetischen Strukturen, zum Paradoxen, ihre Lust an akustischen Finessen.*[3] Peter von Matt entdeckt in ihren Gedichten einen *feinen Horizont von unbegriffener Bedeutung.*[4]

Ein ungeheurer Vorteil für einen Komponisten, sich auf diese fantastischen Gebilde einzulassen, den intimen Exkursionen auf kompositorischer Ebene zu begegnen und sich mit Lust an den verbalen Finessen akustisch zu entzünden! In seinen gleichnamigen Liederzyklus für Bariton und Harfe aus dem Jahr 1979 gelingt dies Meinrad Schmitt kongenial.

---

2 Ebd., S. 520.
3 Ebd., S. 531.
4 Zitiert nach ebd., S. 531.

»A Something in a Summer's Day«,
Liederzyklus nach Texten von Emily Dickinson (1979)

Der Zyklus »A Something in a Summer's Day« besteht aus sieben Liedern, die von Meinrad Schmitt selbst ins Deutsche übersetzt wurden und nur in dieser Textfassung existieren. Die sieben Lieder lauten:

1. Es treibt
2. Leichtfüßig schritt ein Stern
3. Sag, Juli
4. Etwas an einem Sommertag
5. Ich schlürfe niegebrauten Trank
6. In ihren Alabasterkammern
7. Da kam ein Wind

In Bezug auf die Auswahl der Texte und ihrer Abfolge wird ein roter Faden gesponnen, ausgehend von einem treibenden Kahn *bei Abenddämmerung* (»Es treibt«), über sommerliche Impressionen in den Liedern »Sag, Juli« ([...] *wo ist die Saat, wo die Knospe, wo der Mai?*) oder »Ich schlürfe niegebrauten Trank« ([...] *von Luft berauscht, verführt vom Tau wank ich durch den langen Sommertag von Schenke zu Schenke zu schmelzendem Blau.*) und magischen Momenten wie zum Beispiel im Lied »In ihren Alabasterkammern« ([...] *im Halbmond über ihnen, Welten spannen ihre Bogen und Firmamente gleiten dahin. Diademe fallen und Dogen ergeben sich.*) bis hin zum abschließenden Gesang »Da kam der Wind«, in dem *fahler Frost*[...] *auf die Hitze so unheildrohend* fällt und ein *grün schillerndes Gespenst* nichts Gutes verheißt. Am Ende jedoch ein Lichtblick, besänftigende Zuversicht: *Das All wird fortbestehn*. Eine fantastische Weltenklammer!

Großform – Taktgruppengliederung

9/8-Takt, 8/8-Takt (hauptsächlich mit einer von »südamerikanischem« Flair getragenen Grundbewegung mit einer metrischen Unterteilung von 2+3+3 beziehunbgsweise 3+3+2 Achteln), ungerade Taktarten wie 7/8, 5/8 und auch 6/8 in kontinuierlichem Wechsel, das sind Taktarten mit unterschiedlicher Gruppierung, welche prägend für die ersten drei Lieder sind. Mit dem titelgebenden Lied »Etwas an einem Sommertag« räumen diese den 4/4-Takten den Vorrang ein.

Das *agitato* dahineilende Eingangslied im 9/8-Takt weist ein nur zweimal unterbrochenes Achtelkontinuum der Harfe aus, eine in Schmitts Liedern häufig anzutreffende Begleitform, bei der auf beide Hände verteilt eine einstimmige Linie präludierend vorangeht. Es folgt ein kurzes Intermezzo mit rasch wechselnden Satzbildern. Diesem schließt sich die Vertonung von »Sag, Juli« an, ein aufgrund der permanenten, ja schon fast ungestümen Fragerei des lyrischen Ichs von Ungeduld heimgesuchtes Lied. In häufigen Taktwechseln und einer daraus resultierenden metrischen Instabilität findet die Musik das passende Äquivalent. Haupttextur ist die bereits das Vorspiel eröffnende aufwärtsdrängende 7/8-Takt-Gestalt in der Harfe. Eine Sechzehntelfiguration im *Meno mosso* erscheint als zweite melodische Gestalt, die auch als erweiterte Seufzerfigur zweimal bei »Ach« im Gesang erscheint und regelmäßig als instrumentaler Reflex gliedernd auftritt.

Ausgehend von einer neuntaktigen Harfeneinleitung (+ ein Takt Generalpause) wechseln sich *Allegretto* (Tempo 1°) – *Meno mosso* – Tempo 1° – *Meno mosso* von Takt 20–32 – Tempo 1° ab, so dass eine fünfteilige Form mit a – b – a' (verkürzt) – b' – a' entsteht mit diesen Taktverhältnissen:

Einleitung: 2+5+2 (= 9) Takte
a: 2+2+2(4)+2+2(4) (= 10) Takte
b: 3+5+2+3 (= 13) Takte
a': 1+2+2(4)+2+2(4) (= 9) Takte
b': 3+5+2+3 (= 13) Takte
a'': 4 + 3 (= 7) Takte.

Taktgruppenanalysen in der oben gezeigten Form wirken zwar etwas statistisch und rational-nüchtern, ermöglichen aber, den Fokus auf Proportionen zu richten, die den harmonischen und melodischen Kosmos architektonisch mitbestimmen. Wie im Bauwesen fußt eine als rundum gelungene Arbeit auf einer in sich stabilen Statik! Über den Text hinaus, der an sich schon nach Vers, Strophe und so weiter gegliedert ist, weist die musikalische Kunst ihre eigenen formalen Bedingungen auf, womit ein bloßes Am-Text-entlang-Komponieren als die offensichtlich einfachste und plausibelste Formkonstituente von musikimmanenten Formprinzipien reguliert wird.

An dieser Auflistung lässt sich sehr gut ablesen, wie sich einerseits die a-Abschnitte sukzessiv verkürzen, während die b-Abschnitte konstant bleiben und nur materialtechnisch gesehen Modifikationen unterliegen, andererseits die Binnenstrukturen aus zwei-, drei- und fünftaktigen Gruppen bestehen.

Die Zahlenfolge, beginnend mit den Zahlen 1, 2, 3, 5, 8 …, eine aus der Addition der letzten beiden Zahlen sich ins Unendliche fortsetzende Reihe, wurde nach dem italienischen Mathematiker des 13. Jahrhunderts Leonardo Fibonacci benannt. Sie beschreibt die Proportionen des goldenen Schnitts in einfachen Zahlenverhältnissen. Ironische Zahlenspielerei oder gestalterisches Kalkül? Viele berühmte Komponisten gerade der Moderne, zum Beispiel Béla Bartók, Anton Webern, Bernd Alois Zimmermann und so weiter haben durch Anwendung dieser Proportionen nicht nur ihr jeweiliges Formkonzept determiniert, sondern eine tönende Natürlichkeit in der Formgebung erzeugt, da sie omnipräsentes Merkmal natürlicher Bauordnungen (Anordnung der Blütenblätter, Struktur von Tannenzapfen und so weiter) und demzufolge geschaffene Architektur sind. Ob nun bewusst oder unbewusst ins Spiel gebracht – im reifen Genius wurzeln sie tief als Antriebskraft und sind wie selbstverständlich Teil der schöpferischen Energie! Ein Blick zurück zum 2. Lied »Leichtfüßig schritt ein Stern« mit dem zentralen Rhythmus-Pattern und der Aufteilung in 3+3+2 beziehungsweise der retrograden Version 2+3+3 – im südamerikanischen Sprachraum auch »tresillo« (Triole) genannt – macht den goldenen Schnitt auf metrischer Ebene begreiflich. Wie das nächste und titelgebende Lied »Etwas an einem Sommertag« noch ausführlicher zeigen wird, gibt es zahlreiche Beispiele dafür, wie Zahlenverhältnisse dieser Art als stimmig und überzeugend empfunden werden, obwohl sie – manchmal mehr, manchmal weniger bewusst kalkuliert – eine rational-mathematische Seite zu verkörpern scheinen. (Siehe dazu auch den darauffolgenden Liederzyklus).

Da die Taktgruppen mit ihrer vordergründigen Architektur Konstellationen im goldenen Schnitt am deutlichsten sichtbar machen, hier nochmals ein Versuch, anhand einer systematischen Auflistung die formale Disposition in Wechselwirkung zum Text aufzuzeigen.

3+2 Takte = 5	1. Strophe
2+3+2 (+1 Generalpause; 2/4-Takt!) = 8	2. Strophe
3+2+2+2 = 9	3. Strophe
1 (instrumental) +3+3+2 (instrumental) = 9	4. Strophe
3+2 (+1 Generalpause; 2/4-Takt!) = 6	5. Strophe
1 (instrumental) +3+3+2 (instrumental) = 9	6. Strophe
2+2+2 + Nachspiel / Überleitung 2+1 = 9	7. Strophe
3+2+2+3 (+ 2 Takte Nachspiel) = 12	
Harfenvorspiel	

Ritardandi beziehungsweise zweimal zum 2/4-Takt verkürzte Generalpausen trennen die jeweiligen Abschnitte sehr deutlich voneinander. Im Falle reiner Instrumentalzwischenspiele leiten sie damit zu Folgeabschnitten über und zählen daher noch zur vorhergehenden Gruppe. Den sieben Strophen des Gedichts entsprechen sieben Abschnitte in der Vertonung, in der sich die Binnengliederung mit Zwei- und Dreitaktphrasen, wie die obige Übersicht veranschaulicht, am goldenen Schnitt orientiert. Eine Interpretation hinsichtlich der Resonanz zwischen dreitaktigen Phrasen und dreiversigen Strophen mag durchaus naheliegend erscheinen. »Klassische« Proportionen wie etwa die achttaktige Periode oder den achttaktigen Satz gibt es also kaum. Selbst die achttaktige äußere Hülle der ersten Strophe zerfällt in eine obendrein sogar gespiegelte Gruppe von 2+3+2 Takten. All das führt in erster Linie zu neuntaktigen Teilen und größeren musikalischen Bögen, wie es die Legato-Bögen im Notentext suggerieren. Wo aber regelmäßige Gruppierungen auftauchen (Takt 18–21, zweite Strophe oder Takt 46–51), kommt es zu einer sanften Anhebung; ein unmerkliches »aus der Spur geraten« lässt sie als Relief hervortreten.

Identische Formkonzepte sind auch den restlichen Liedern zu Eigen. In »Ich schlürfe niegebrauten Trank« leitet ein neuntaktiges Harfenvorspiel den Einsatz der Singstimme ein, aufgeteilt in drei dreitaktige Gruppen. Die letzten beiden Takte brechen den 3/4-Fluss hemiolisch in drei 2/4-Takte auf, einer weiteren Dreiervariante. Nach dieser Einleitung folgen nun eine sechstaktige und eine fünftaktige Phrase, gefolgt von einem Zwischenspiel mit 5+2 Takten. (Aufgrund von Phrasenüberschneidung in Takt 20 kann an dieser Stelle gleichfalls ein Neuansatz der Harfe konstatiert werden – *mf*-Vorzeichnung! – wodurch sich eine Gliederung in 6+2 ergibt.)

»In ihren Alabasterkammern« – um ein drittes Beispiel heranzuziehen – gliedert sich in: 3 Takte (Vorspiel) + 7 Takte (= 2+2+3) + 1 Takt (Harfensolo) + 3 Takte; mit *più tranquillo* exponiert die Harfe eine neue Begleitform, gekoppelt an regelmäßige Zweitaktgruppen und gestützt von drei alternierenden Texturen.

Harmonik

Die diatonisch in Ces-Dur gestimmte Doppelpedalharfe ermöglicht jede diatonische Stufe zweifach nach oben umzustimmen, sodass das tonale Spektrum von Ces-Dur bis Cis-Dur um den gesamten Quintenzirkel reichen kann. Ohne am diatonischen Fundament zu rütteln, erlauben nun die vielerlei Kombinationen der Pedalstellung variantenreiche Skalenbildungen, sogenannte Modi mit »diatonisch« freitonaler Konstruktion. (Näheres dazu im Kapitel »Kammermusik«, S. 127–152.)

Man fühlt sich beinahe an ein Nocturne von Chopin erinnert, sobald die ersten Takte mit einer für dieses Genre klaviertypischen Arpeggienbegleitung in ruhig fließenden Achteln erklingen, worüber eine schrittweise sich aufbauende Melodie emporrankt. Mit jeder Strophe geht eine minimale Veränderung der Grundstimmung einher, womit in tonaler Hinsicht ein zusätzliches Gliederungsmoment Einfluss gewinnt. Innerhalb der Modusformen werden konstant zwei Stufen variabel gehalten. Sie ergänzen das Tonspektrum zur Neunstufigkeit (schwarze Noten).

Im Überblick die ersten Dispositionen der Harfe zur Veranschaulichung dieser Mikro-Modulationen:

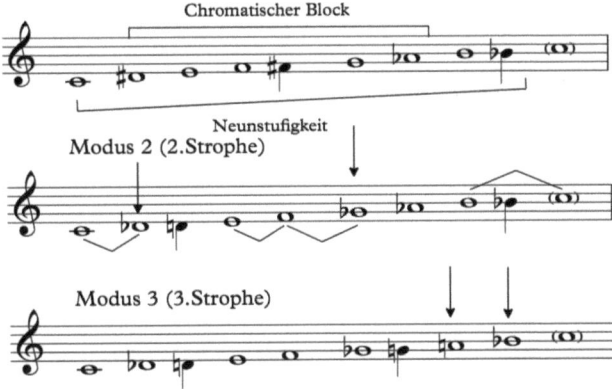

Notenbeispiel 1: Modi-Varianten (mit Alternvativstufen) von »Etwas an einem Sommertag«.

Im 1. Modus taucht ein rasch aufeinander folgendes Pendel zwischen fis und f, singulär ein Wechsel von h zu b auf. Das zur Neunstufigkeit erweiterte Tonreservoir bietet zusätzliche harmonische Optionen und reizvolle Divergenzen. Cis, d und a fehlen und kommen erst später zum Einsatz. Gleich im ersten Takt bewirkt der nach f-Moll tendierende Halbtakt mit dem fis der Oberstimme einen Querstand, der f-Moll-Klang rückt dazu um einen Halbton nach e-Moll. Verbindet man aber das Melodie-c mit dis (als es gelesen) und dem g, entsteht – wenn auch nur kurzzeitig – ein c-Moll-Akkord, der sich konventionell ins folgende f-Moll auflöst, wäre da nicht das fis ... Neben den tonalen Anklängen, die in ihrer Kürze, wie soeben skizziert, kaum wahrnehmbar sein dürften (aber die Denkweise des Komponisten durchleuchten), nehmen freitonale Passagen ohne deutlich erkennbaren Zentralton den größten Raum ein, wie ab Takt 8.

Je häufiger und schneller die Pedale bedient werden müssen, umso reizvoller das tonale Changieren, desto höher auch der Schwierigkeitsgrad für den Spieler. »Ich schlürfe niegebrauten Trank« oder das abschließende »Da kam ein Wind« sind gute Beispiele für häufigeres Umstimmen. Allen Werken mit Harfe und damit auch diesen Liedern gemeinsam ist das feinsinnig abstufbare »Modulations«-Potenzial, das jenseits aller chromatischen Totale angesiedelt ist und die Harfe zu einem freitonal orientierten Instrument der Moderne par excellence macht.

Notenbeispiel 2: »Etwas an einem Sommertag«.

Solche »Schrägstellungen« in der Harmonik sind bezeichnend für Meinrad Schmitts Komponieren und erzeugen einen speziellen, schillernden Effekt. Aus den Modi können auch tonale Akkorde destilliert werden, die, diametral zueinander gestellt, scharf-freitonale Klänge erzeugen, wie zum Beispiel im Lied »In ihren Alabasterkammern«, wo zu Beginn As-Dur und d-Moll im Tritonusabstand zueinander und auf dem Sockel eines Orgelpunktes über a stehen oder wenige Takte später E-Dur und d-Moll im Sekundabstand oder F-Dur und as-Moll im Terzabstand folgen. Einfache, traditionell in Terzen geschichtete Dur- und Moll-Akkorde in intervallspezifischer Verzahnung türmen sich zu phänotypisch labil-schwebenden komplexen Klängen auf, die im emotional gesteigerten Kontext bizarre Züge oder brutale Härte aufweisen. Wie mannigfaltig die Klangbildungen ohne Verlust der handwerklich-traditionellen Erdung sein können, bedarf keiner weiteren Erklärung.

Im abschließenden *Con fuoco* überschriebenen »Da kam ein Wind« darf die Harfe ihre motorischen Qualitäten unter Beweis stellen. Arpeggien, Vier-Sechzehntel-Gruppen mit 2+2-Aufteilung auf beide Hände oder 1+3 mit akzentuierter Bassnote zu Beginn sind speziell auf die Harfe zugeschnittene Figurationen. Ab Takt 30 setzt ein Element mit Tonrepetitionen ein, die am Klavier mit der selben Taste, auf der Harfe jedoch auf zwei Saiten ausgeführt werden müssen. Eine soeben angezupfte Saite kann aber nicht sofort wieder angezupft werden, am Klavier aufgrund der vorhandenen Repetitionsmechanik sehr wohl. Deshalb muss – wie das folgende Notenbeispiel und die besondere Notation zeigt – der Ton es ein zweites Mal als dis eingestimmt und notiert werden. Zu c erklingt also eine Mollterz und gleichzeitig auch die nun notwendigerweise als fes (= e) notierte Durterz e. Als Effekt, der aufgrund der harfenspezifischen Mechanik gesondert bedacht sein muss, entsteht ein Schwanken zwischen Dur und Moll. Der Vorteil: Tonrepetitionen werden bei gleichzeitiger Materialreduktion bequem spielbar. Sie sind nicht umsonst ein fester Bestandteil des Harfenrepertoires.

Notenbeispiel 3: »Da kam ein Wind«.

Unbedingt hervorzuheben ist in diesem Stück der choralartige Schluss. Von achtstimmigen Klangfolgen getragen erhebt sich im *Maestoso* ein letztes Mal die Singstimme mit den Worten *Viel Kommen, und viel Gehen: das All wird fortbestehn*. Mit *f'* erreicht der Gesang kurz vor Ende auf *All* seinen Spitzenton im *ff* und der fulminante Finalakkord türmt sich zur allumfassenden 16-Stimmigkeit auf! Ein kräftiges Bild für eine starke Sentenz!

Was hier sinnbildlich als Chiffre dient, zeigt konstruktive Verwandtschaft zum sogenannten Mutter-Akkord von Fritz Heinrich Klein, den der »Finder« im März 1922 wie folgt ankündigt:

[…] *ich muß meinem lieben Meister gleich erzählen, daß ich heute den ersten <u>12-verschiedentönigen und zugleich 12-verschieden-intervalligen</u> Akkord gefunden habe. Er ist die wunderbarste Frucht, die die Permutation* [Anm. des Autors: von lateinisch permutare ›vertauschen‹] *des Mutterakkordes hervorbringen kann (die Ironie des Schicksals: in diesem Augenblicke fängt eine Drehorgel an zu spielen, unten im Hofe!), zugleich die <u>Endmöglichkeit</u> auf dem Gebiete der Akkordbildung in der 12 Halbton-Musik*[…].⁵

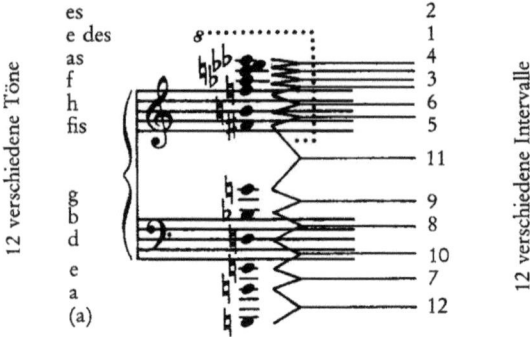

(Die allgemeine Intervallplacierung schaut der A-Form des Mutterakkordes sehr ähnlich, man sieht direkt, wie die Intervalle sich in einer Quasi-Vision verschoben haben) … Wenn er »einzig« ist, dann hat es auch eine besondere Bewandnis mit ihm. Vielleicht sind unterirdische Verbindungen da mit dem Natursystem der Obertonreihe.

Notenbeispiel 4: »Mutter-Akkord« von Fritz Heinrich Klein.

Schon optisch könnte eine Allusion nicht stärker sein, weist er doch in seiner siebentönig-diatonischen Gestalt und markanten Registerspannbreite eine un-

---

5   Zitiert nach: Alban Berg, Katalog der österreichischen Ausstellung, Wien 1985, S. 163/164.

übersehbare Verwandtschaft zum Mutterakkord auf. Gestapelte H-Dur und D⁷-Klänge mit Doppelterz-Effekt (es und d sind Dur- beziehungsweise Mollterz über h und in dieser Schichtung Schmitts Visitenkarte (siehe Notenbeispiel 3); sie formen ihrerseits ein klingendes Abbild des Alls, der Kraft und der Unendlichkeit des Kosmos.

Notenbeispiel 5: Schlussakkord von »Da kam ein Wind«.

Nebentonstellungen bei schlichten Dur- und Moll-Akkorden sind ein weiteres unabdingbares Charakteristikum des kompositorischen Repertoires. Sie ergänzen das zuvor angesprochene Verzahnungssystem um weitere klangergänzende Phänomene. Dazu noch zwei weitere Beispiele:

Der Komponist liebt es geradezu, Klänge auf einer Tritonusachse gegenüberzustellen. Kurz vor »Vater, so sprach ich zum Himmel« in »Leichtfüßig schritt ein Stern« ebnet folgende Passage den Weg zum Einsatz der Singstimme:

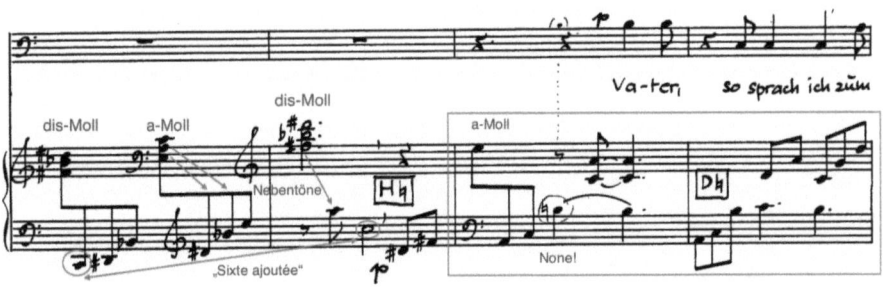

Notenbeispiel 6: »Leichtfüßig schritt ein Stern«.

Man lese das b als dis und erkennt einen dis-Moll-Akkord auf den ein a-Moll und erneut, oktavversetzt, ein dis-Moll-Akkord folgt. Die verbindenden Töne im unteren System sind einmal akkordeigen, einmal harmoniefremd. B und dis sind am stärksten dissonant, während in der ersten Takthälfte mit dem c im Bass eine Akkorderweiterung mit hinzugefügter Sexte (»sixte ajouteé«) zu einer milden Dissonanz führt. Zum dis-Moll in hoher Lage gesellt sich ein sehr dissonantes a, während das a-Moll des dritten Taktes dieser Phrase seinerseits mit einer None (h) bereichert wird. Wie aus klassischen Werken bekannt gibt es also Grade unterschiedlicher Konsonanz und Dissonanz, sodass ein organisches Prinzip von Spannung und Entspannung den Tonsatz weiterhin durchzieht.

In »Ich schlürfe nie gebrauten Trank« setzt die Harfe nach Art eines Walzers mit b als Basston und einem nachschlagenden e-Moll-Akkord (ces muss als

Notenbeispiel 7: »Ich schlürfe niegebrauten Trank«.

h gelesen werden) ein. Das b »passt nicht« zum e-Moll-Klang, ein »falscher« Basston zum Akkord; auf der Basis einer fortgedachten Terzenschichtung wäre b, enharmonisch verwechselt zu ais, nach d und fis ein 11#-Optionston – in der Jazzharmonik eine übliche Erweiterung. In der Funktion eines Nebentons wird er aber im Kontext zum forcierten Basston, dem Grundton des im nächsten Takt sich formierenden B-Dur-Akkords, und wird durch die Basslage auch nicht mehr als Ergebnis einer Terzenschichtung gehört. Eine harmonische Visitenkarte, der man das Prädikat »dissonante Konsonanz« zuerkennen könnte! Im Takt darauf werden ces und e dissonant zu B-Dur aufgefasst (ges in der Melodie kann als Vorhalt zum f des Folgetaktes interpretiert werden). Töne ändern unentwegt die Bedeutung ihrer harmonischen Verortung und reifen konsequent zu einer eigentümlichen enharmonische Spielart. B-Dur contra e-Moll/E-Dur (zum Beispiel Takt 9) – tritonusverwandte Zentren, zu denen die eigentlich akkordfremden Töne der Skala stets neue bereichernde Nebentonstellungen einnehmen.

Melodik

Ein wichtiger Vorsatz für Schmitt ist, Melodien nicht artifiziell auf abstrakter Ebene zu konstruieren, sondern seinem natürlichen Impuls folgend, organisch und sangbar fließen zu lassen. Die Prämisse, die Melodien auch selbst singen zu können, ist notwendiges Kriterium und hilfreiches Regulativ gleichermaßen.

Die Anfangspartie aus »Ich schlürfe niegebrauten Trank« weist keine Schwierigkeiten auf. Alle Töne sind leitereigen in B-Dur, das scheinbar fremde ges verweist auf die melodische VI. Stufe von b-Moll, womit auch im Rahmen der Einstimmigkeit die doppelte tonale Ausprägung über gleichbleibendem Grundton wirksam wird. So auch im obigen Liedausschnitt »Da kam ein Wind« (Notenbeispiel 3): c-Moll mit b als natürlicher Mollstufe beherrscht den Bereich; wie schon die Analyse der Harfenbegleitung zeigt, steht auch in der Gesangsstimme Moll- und Durterz gleichberechtigt nebeneinander. Ein ähnliches Spiel wie zuvor. Mit der Wendung dis-e kippt die Melodie kurz in die Durvariante.

Ein wenig anders gebärdet sich die melodische Führung in »Etwas an einem Sommertag« (Notenbeispiel 2). Dort eröffnen zahlreiche Akzidentien mit entsprechenden tonalen Richtungswechseln, obendrein mit Kollisionen versehen (b gegen h in Takt 8, as gegen g in Takt 9 und so weiter), die Grenze zur herben a-tonalen Welt. Zwischen Melodie und Begleitung entsteht viel Disparates, während andernorts starke Übereinstimmung im Tonvorrat beider Partner vorherrscht.

Hermeneutische Überlegungen katapultieren uns auf Augenhöhe zum Autor, ermöglichen uns seiner für uns verborgenen Intention nachzugehen und sind gerade deshalb auch gefährlich, weil sie gleichzeitig zur Überinterpretation verlocken, sich zu einer Idealisierung versteigen können, die jenseits des tatsächlich Seienden liegt. Auf den melodischen Aspekt übertragen, bedeutet dies nun: Übersetzt das herbe Zusammenspiel von Gesang und Harfe (diatonische Spaltungen, tonale Teilbereich der Melodie, die von der Harfe nicht gestützt werden, tonalitätsauflösende verminderte Septakkorde und so weiter) das rätselhafte, vielgestaltige »Etwas« in eine geheimnisvolle Sprache rätselhafter Diktion?

»Am Fluss zu Sevilla«, Liederzyklus nach Lope de Vega (1990)

Ebenfalls sieben Lieder umfasst der Zyklus »Am Fluss zu Sevilla« nach Gedichten von Lope de Vega in der Übersetzung von Erwin Walter Palm aus dem Jahr 1990, der hier aus dem Blickwinkel der 2001 erstellten Klavierfassung betrachtet werden soll.

Die Titel im Einzelnen:

1. Schönes Schiffchen
2. Holla, mich trägt die Welle
3. Lasst, sanfte Wiesen
4. Am Fluss von Sevilla
5. Grüne Augen
6. Wenn ihr euch trennt
7. Unser Kind hier

Einzelne Lieder nach bekannten analytischen Kriterien zu zerlegen, um kompositorische Prozesse freizulegen, ist – wie im zuvor behandelten Liederzyklus – die eine Möglichkeit. Ein solches Stück-für-Stück-Analysieren vermag zwar tiefe Einblicke in die Komponistenwerkstatt geben, ermüdet jedoch auf Dauer und verhilft nicht zwingend der auditiven Wahrnehmung auf die Sprünge, gerade wenn es sich im akuten Fall um ein unmittelbar stattfindendes Konzert handelt. Dann nämlich muss Musik durch sich selbst sprechen können, auch ohne Notentext, welcher in den meisten Fällen, insbesondere bei zeitgenössischer Musik, sowieso nicht vorliegen dürfte.

Worauf soll sich also das interessierte und künstlerisch geschulte und neugierige Ohr richten, wie dem fremdartigen und unbekannten Terrain auf geistiger Ebene begegnen oder anders ausgedrückt: Worauf lenke ich meine Wahrnehmung über die bloße oberflächliche Folie hinaus, um einem reinen Schablonendenken von »schön« oder »nicht schön« auszuweichen?

Für jede der sieben lyrischen »Szenarien« entwirft der Komponist eine prägnant-korrelierende Textur sowohl im Klaviersatz als auch im Habitus der Gesangsstimme. Darauf soll nun zuerst – vergleichbar einem ersten Hören – der Blick gelenkt werden: die Beziehung der Lieder untereinander, die zyklische Idee, anhand der jeweiligen Tempi, welche eine spezifische »Gangart« in jedem Stück erzeugen, verbunden mit der Option, Assoziationen zu Bekanntem, Vertrautem, Vergleichbarem zuzulassen, soll folgen. In einem weiteren »Hörgang« können schon Details der Gesangsmelodik und harmonische Abläufe entschlüsselt werden. Erst mit Hilfe des Notentextes und mit einem mikroskopischen Blick tritt die gesamte Feinarbeit an die Oberfläche. Auf diese Weise erscheint es möglich, über die rein emotionale Ebene hinaus Nähe zum Kunstwerk zu schaffen, eine kognitive Brücke zum Erlebten zu bauen und sich so schrittweise herantastend mit einem schlüssigen Kriterienkatalog an die tieferen Schichten eines Opus musicum anzunähern. Zweifellos dürfte dies jedem Rezipienten spontan einleuchten, sofern ein gangbarer Weg präsentiert werden kann.

Exemplarisch sei nun diese Herangehensweise in gebotenem Umfang skizziert.

Versetzt man sich einmal Kraft seiner empathischen Fähigkeiten in die Rolle des Komponisten, der, angetan von einer Anzahl feinsinniger und beseelender Gedichte, einen Liederzyklus plant und sich allererste Gedanken zur Vertonung macht; was käme einem dazu als erstes in den Sinn? Gewiss – die eine Antwort mag es darauf nicht geben, zu differenziert sind psychische Wahrnehmung, zu vielfältig sind Erfahrungsschatz und eigene Vorstellungen, aber würden einem nach dem ersten Lesen der Texte nicht das Tempo, der Rhythmus, der Fluss eines Gedichts auffallen, der sich im besten Falle spontan mit einer musikalischen Idee zur Gangart, Fortbewegung und Geschwindigkeit verbindet? Daran anknüpfend entstünden so weitere konkrete Vorstellungen zu Motivbildung, harmonischer Progression und so weiter. Plastische Überschriften wie »Schönes Schiffchen«, »Holla, mich trägt eine Welle« oder bei dem dritten Stück im Zyklus »Lasst, sanfte Wiesen« dürften als primäre Assoziationsquelle Tempi geradezu spürbar machen: ein *Allegretto* in einer dem »Siciliano«-Typus nahestehenden und das Schaukeln eines Bootes imitierenden Bewegung im 6/8-Takt, gefolgt von einem in gleicher Weise den Wellengang nachzeichnenden *Grazioso* in derselben Taktart; passend zur Betrachtung der *sanften Wiesen* ein *Calmo* im 4/4-Takt mit einem Verharren auf einem diatonisch geprägten Clusterklang, gleichsam das Betrachten einer Fotografie nachzeichnend, auf der nur das Auge umherschweift, respektive in diesem Fall das Ohr, während das Foto als erstarrte Szene konstant bleibt. Die noch folgenden Lieder evozieren ebensolche Korrespondenzen, was letztlich auch auf die Qualität der Liedvertonungen verweist, wie sie vorbildhaft zum Beispiel in Liedern von Franz

Schubert oder auch in Carl Loewes Balladen zu finden sind. Im Überblick nun alle Tempi in ihrer Reihenfolge: *Allegretto – Grazioso – Calmo – Scherzando – Tranquillo – Sostenuto – Allegro.*

Mäßig bewegte Tempi stehen am Anfang, danach folgen ruhigere, die von einem *Scherzando* kontrastierend unterbrochen werden; ein finales *Allegro*, das schnellste Tempo überhaupt im Verlauf, beschließt beschwingt den Zyklus. Zweierlei wird erkennbar:

- In klassischer Manier repräsentiert die Tempofolge eine Satzanordnung, wie sie für Instrumentalwerke charakteristisch ist: bewegter Beginn – langsamer Satz – *Scherzo* – hier nochmals zwei langsame Sätze als Einschub – rasches Finale.
- Die Reihenfolge der Texte ist in diesem Zyklus einer Dramaturgie verpflichtet, die von einer kontrastierenden Gegenüberstellung in Anlehnung an tradierte Vorbilder geprägt ist. Textrhythmus und Inhalt suchen sich ihr musikalisches Ebenbild auf der einen Seite, formal äußere Disposition beeinflusst andrerseits den roten Faden.

Wie steht nun die musikalische Textur, also das konkrete »Wie« in der kompositorischen Detailarbeit, mit der Grundlage des Textrhythmus und des gewählten Tempos in Verbindung? Oder anders ausgedrückt: Zu welcher musikalischen Idee führt die eingangs etwas vage Vorstellung von Rhythmus und Metrik? Wie verwandelt sich lyrische Metapher zur klingenden Chiffre?

Zunächst einmal seien die Anfänge aller Lieder kurz zitiert und kommentiert, um erste konkrete Merkmale zu erfassen, die in der Regel den Habitus eines Lieds bestimmen.

Notenbeispiel 8: »Schiffchen, schönes Schiffchen«.

Nr. 1: »Schiffchen, schönes Schiffchen«

Siciliano-Rhythmus an schlichten drei- bis vierstimmigen Klaviersatz gekoppelt; Volksliedcharakter wegen streckenweise diatonischer Führung vor allem der Gesangsstimme (Quartpendel am Anfang; mit des Erweiterung zur Pentatonik) und einer auffälligen, für die weltlichen mehrstimmigen Gesänge typischen Parallelbewegung in der Begleitung und einer durchscheinenden Es-Tonalität, die selbstverständlich unterschiedlichst verschleiert, verdichtet, in Frage gestellt wird. In Takt 11–13 ist im Klaviersatz deutlich eine reale Mixtur erkennbar, also die exakte Verschiebung einer gewählten Akkordstruktur um den gleichen Wert.

Notenbeispiel 9: »Holla, mich trägt die Welle«.

Nr. 2: »Holla, mich trägt die Welle«

Obwohl es sich um ein Klavierlied handelt, ist diesem Anfang der Harfeneinfluss stark anzusehen. Allerdings wird man bei näherem Hinsehen erkennen, dass der rasche mehrmalige Wechsel von as und ges nach g und a eine »hektische« Pedalarbeit auf der Harfe erzeugen würde und spätestens im zweiten System, wo gleichzeitig fis und f beziehungsweise gis, oder auch chromatische Linien wie in Takt 4 (es-d-des-c-h) erscheinen, wäre es nicht mehr spielbar. Ab Takt 6 ostinate Begleitbewegung auf dem Zentralton g (ab Takt 13 mit quasi dominantischem Wechsel zu fis, in der Folge mit Tendenz zu weiterer Variantenbildung).

Notenbeispiel 10: »Lasst, sanfte Wiesen«.

Nr. 3: »Lasst, sanfte Wiesen«

Rhythmisch differenziert artikulierter, jedoch klanglich statischer Cluster auf »weißen« Tasten mit b. Keine klare tonale Verortung, da trotz des manchmal aufscheinenden C-Dur-Klangs im Hintergrund die immanenten Quartstrukturen, übrigens in der ersten Phrase der Gesangsstimme (ab Takt 7) ostentativ exponiert, keinen deutlichen Grundtonbezug ermöglichen. Kalkulierbar erscheint eine mixolydische Skala von c aus, ohne explizite kirchentonale Anklänge hörbar zu machen. Melodisch gespreizte Phrasen in Klavier und Singstimme stehen im Dialog zueinander und übernehmen identisches Tonmaterial des Clusters.

Notenbeispiel 11: »Am Fluss zu Sevilla«.

Nr. 4: »Am Fluß zu Sevilla«
Das titelgebende Stück zeigt einen tänzerischen Charakter, beeinflusst vom bayerischen »Zwiefachen« mit dem typischen Wechsel vom Dreier- auf das Zweiermetrum und umgekehrt. Schon im Anfang ist erkennbar, was den Ablauf des gesamten Lieds kennzeichnet: ein regelmäßiger Wechsel von 6/4- und 4/4-Takten. Getanzt wären es demnach zwei Walzer, zwei Dreher. Stilisierte Tanzmusik, zu der auch eine entsprechende Begleitung gehört. Betonte Bassoktaven mit nachschlagenden Akkorden. Trotz artifiziell überhöhter Harmonik dominiert der elementar-metrische Tanzimpetus und erlaubt ferner einen augenzwinkernden Seitenblick auf das bayerische Naturell des Autors.

Notenbeispiel 12: »Grüne Augen«.

Nr. 5: »Grüne Augen«

Ein Aphorismus in durchaus freier Rezitativmanier. Dichter Akkordsatz mit tonal ausgerichteten Akkorden (fis-Moll-Septakkord ist zentraler, formalumklammernder Akkord) und zahlreich ajoutierten und farbgebenden Nebentönen. Dazu ein schlichter, ruhiger Tonfall der Gesangsstimme, wobei der Ambitus von fis-f nicht nach oben zur tonalen Oktave schließt.

Notenbeispiel 13: »Wenn ihr euch trennt«.

Nr. 6: »Wenn ihr euch trennt«
Wie zuvor dichter Akkordsatz mit tiefer Oktavbewegung zu Beginn und einer rezitativischen Grundhaltung. Allerdings gebärdet sich der vokale Part differenzierter, und im weiteren Verlauf nimmt der dramatische Verlauf mehr und mehr zu. Massive Akkorde treten auf, Klangkaskaden in Form von Mixturen und die Singstimme kulminiert auf a''. Von besonderer Prägnanz ist das rufartige Repetitionsmotiv in Takt 6 und das raschere Sechzehnteltriolen-Motiv in Takt 9, denen an späterer Stelle erneut Bedeutung zuteil wird.

Notenbeispiel 14: »Unser Kind«.

Nr. 7: »Unser Kind«

Rascher Ausklang mit plastisch geformten Motiven. Zuerst Dialog zwischen Unisono-Läufen (»d-Moll natürlich«) und fünf- bis sechsstimmigen Akkorden; ab Takt 6 Einbau einer repetitiven Begleitfigur mit straff geführten Bassoktaven. Keine Triolen, keine komplexen Verläufe. Nur reguläre Vierergruppen von Sechzehnteln, Achteln und Vierteln. Ist es Zufall, dass nach dem ersten Akkord und zwei Vierteln Pause, zwei Akkorde in Vierteln folgen (mit zwei Vierteln Pause zuvor), dasselbe rhythmisch ein zweites Mal und sich nach erneuten zwei Vierteln ein Aufgang mit fünf Akkorden anschließen, worauf mit der einleitenden Kombination von Skala und Akkordschlag eine erste Zäsur gebildet wird? Auffällig sind dabei doch die Zahlen zwei (Akkorde) beziehungsweise zwei Viertel Sechzehntel-Skala, fünf Akkorde in Folge und fasst man die einleitende Geste mit Skala und abschließendem Akkord zusammen, erhält man eine Länge von drei Vierteln Dauer. Der Einstieg der Gesangsstimme mit der Ruf-Quarte b-es in Takt 7 ist nicht unbekannt. Mehr als deutlich stellt dieser melodische Anfang eine Verbindung zum ersten Lied her und verklammert Anfang und Ende des Zyklus.

In den vorangegangenen analytischen Skizzen wurden wichtige Aspekte der kompositorischen Arbeit beleuchtet und entscheidende Impulse gegeben, Detailbetrachtungen eigenständig vorzunehmen. Vokalwerke mit identischer Faktur sind einmal die »Sechs Lieder nach alten chinesischen Dichtern« für Bariton und Klavier, entstanden bereits 1966 und der in zeitlicher Nähe zu den Lope de Vega-Liedern komponierten Liederzyklus »Drink To Me Only With Thine Eyes« nach englischen Barocktexten für Mezzosopran und Klavier von 2005.

In eindrucksvollen Bildern stehen Freud und Leid, »jazziger« Nonsens und sinnliches Rezitativ gegenüber. In »The Hour-Glass« verkörpert ein ruhig (*Calmo*) perlendes Sechzehntelband das Fließen des Sandes, die zerrinnende Zeit; im »Song« steigert sich ein in die Gegenwart übersetzter, aus dem Barock entlehnter rezitativischer Topos zum gefühlsintensiven, von impulsiven 32tel-Ketten getragenen Finalausbruch, um in den letzten Takten erschöpft im *ppp* zu versinken. Skurriler Teil des Zyklus ist das Lied »Nonsens«, überschrieben mit *Assai ritmico («jazzig»)*, einer geforderten triolischen Phrasierung, die auch im Klaviertrio *Canto mesto* Eingang findet und einen ganz anderen, wohltuend kontrastierenden Ton einbringt.

In der 1978 entstandenen Kammermusik »Incontro« für Sopran, Flöte, Klarinette und Schlagzeug aus dem Jahre 1974 nach einem Text der Renaissance-Dichterin Gaspara Stampa (1523–1554), die im gleichen Jahr in Stuttgart uraufgeführt wurde, taucht zum ersten Mal das Prinzip der dodekaphonen Materialbehandlung im Vokalschaffen auf.

»Incontro« besteht aus vier Sätzen: *Tranquillo – Scherzo – Notturno. Molto tranquillo – Finale. Allegro furioso.* An Strukturen der Zweiten Wiener Schule angelehnt agieren die vier Solisten überaus virtuos; attitüdenhafte Gesten über mehrere Register und punktuelle Reduktion wechseln sich mit geräuschhaften (Beginn des *Scherzo*: nur Percussion und Klappergeräusche der Bläser) und begrenzt aleatorischen Aktionen ab. Die Singstimme ist hierzu gleichberechtigter Partner mit exaltiertem Gestus, pronounciertem Sprechen oder – etwa im Finale – gedehnten Melismen mit asemantischer Zersplitterung oder Vokalistencharakteristik. Ein Werk, das deutliche ästhetische Spuren der 1970er-Jahre trägt und als Abbild des Zeitgeistes jener Jahre interessante Einblicke ermöglicht.

Chormusik

Von bescheidenem Umfang ist die Sparte »Chormusik«. Als Schüler Genzmers und darüber hinaus als »Enkelschüler« Hindemiths, die beide zahlreiche Chorkompositionen mit Begleitung oder a cappella hinterlassen haben, gelingt ihm – nach eigenen Aussagen – der Zugang zu diesem Genre weniger als in anderen Fällen. Es fehlt ihm dafür schlichtweg eine größere Affinität.[6]

Es darf jedoch nicht der Eindruck entstehen, als handle es sich um Marginales und Unbedeutendes. Weit gefehlt. Es lohnt in jedem Fall, sich abschließend mit Auszügen einiger Werke zu beschäftigen, da aus ihnen sichtbar wird, worauf Schmitt in seinen Arbeiten stets Wert gelegt hat: Praktikabilität und Nähe zum Rezipienten!

»Anakreontika« für gemischten Chor (1968)

Die drei Chorlieder für gemischten Chor unter dem Titel »Anakreontika« nach Gedichten von Eduard Mörike, 1968 komponiert und im Jahr darauf beim Valentin E. Becker Komponistenwettbewerb prämiert, beschwören in ihrer B-Dur/g-Moll-tonalen Orientierung zeitgenössischen Geist, ohne den »background« der singenden Amateure außer Acht zu lassen. Wortgezeugte Taktwechsel, ein Hauch von Polyphonie, milde Dissonanzen und prädominante homophone Stimmführung machen die kurzen Gesänge (»Der Frühling«, »Unnützer Reichtum« und »Wechsellied beim Wein«) zu dankbaren Preziosen der Chorliteratur. Nicht zuletzt die Auswahl der Texte dürften den Sängern und Zuhörern das eine oder andere Schmunzeln abverlangen, wenn es zum Beispiel in der sechsten Strophe des »Wechsellieds« mit hymnischem sechsstimmigen Ausklang heißt: *Trink ich ihn, den Saft der Reben, mir vor Tausenden gewinn ich, was ich scheidend nehme, doch den Tod teil ich mit allen.*

6   Mündliche Auskunft Schmitts gegenüber dem Autor.

»Ecce, facta est«, Weihnachtsbotschaft für drei Oberstimmen (2013)

Soll Chormusik auch ambitionierte Laiensänger ansprechen, muss es »ins Ohr gehen«; es muss kompatibel zum Erfahrungsschatz des Ausführenden sein und darf einen mittleren Schwierigkeitsgrad nicht übersteigen. Zur improvisatorischen oder experimentellen Umsetzung braucht es mehr Mut und Bühnenpräsenz, ein mit dezidierter, empfindlicher Harmonik ausgestattetes Stück bedarf intensiven Hörtrainings, aber auch des Verständnisses für Zusammenhänge. Die kleine »Weihnachtsbotschaft«, solistisch oder chorisch zu singen, ist ein gutes Beispiel dafür, in freitonaler Diktion und klug gesetzten tonalen Ankerpunkten, gehobenes Gesangsniveau zu fordern, ohne zu überfordern. Es geht dabei nicht um stimmliche Anforderungen, sondern um Entwicklung eines Bewusstseins für Melodiebildung außerhalb gewohnter Pfade und ihrem auf intonatorischer Feinstarbeit basierendem Zusammenwirken im Stimmverbund. In der vorliegenden Miniatur überschreitet der Komponist behutsam die Grenzen dessen, was noch als »klassisch« aufgefasst werden könnte. Schon die erste Seite genügt, um dem soeben Erläuterten ein Gesicht zu geben.

Unisono-Beginn als Einstiegserleichterung, aber schon in Takt 3 Auffächerung zum Ges-Dur und per Durchgangsklang zum Es-Dur-Akkord (Notenbeispiel 15); der verborgene Querstand rekurriert zur frühen Terzverwandtschaft der Renaissance. Im fünften Takt leerer Oktav-Quintklang auf c. Neue Phrase mit der zuvor schon angetippten an Es-Dur rückerinnernden Terz es-g und einem Soprangeinsatz auf a als Tritonusspannung. Über einer Großterzfolge der beiden Unterstimmen, auf diese Weise Es-Dur entgrenzend und erneutes Tangieren der Querständigkeit, die in den folgenden fünf Takten ausschließlich mit »weißen« Tönen konträr zum Unterbau steht. Obwohl jede Stimme für sich logisch geführt ist, wird in Takt 10 der tonale Oktavschluss überschritten und es kommt zur übermäßigen Oktav, die natürlich gut ausgehört sein will. In Takt 11 kehrt der Tritonusklang wieder, nun jedoch um eine große Terz nach oben versetzt. Klanglich erneut auf die initiale Akkordverbindung es-ges verweisend. Trotz der ungewohnten Harmonik bilden Terzparallelen und Fauxbourdon-Segmente (Sextparallelführung) das traditionelle Rückgrat.

Im weiteren Verlauf werden die zuvor genannten Bausteine weiter ausgebaut und führen nach einer b-Diatonik in T. 19 zum »Gloria in excelsis« in einer Dissonanzen nicht scheuenden d-Modalität. Nach einer freien Reprisenbildung im b-Bereich, die im nochmals aufgegriffenen freiem Dorisch im »Amen« gipfelt, endet das Stück nach einem Fauxbourdon-Aufschwung überraschend in leuchtendem G-Dur.

Gewiss ein Werk, welches anfangs ein wenig Mühe bereitet, aber nach dem Erforschen der implizierten Klangaura umso lohnender sein dürfte.

Notenbeispiel 15: »Weihnachtsbotschaft«.

Schnell gerät man bei einer Phalanx von Kritikern und deren Überzeugung, zeitgenössische Musik müsse den Stempel einer avantgardistischen »l'art pour l'art«-Gesinnung tragen, unter Verdacht, nicht innovativ, ja sogar kunstgewerblich, altmodisch-handwerklich oder unseriös zu sein. Nicht umsonst existiert bis heute eine große Kluft zwischen zeitgenössischer Musik und dem in erster Linie nach geistreicher Unterhaltung suchenden Konzertbesucher. Meinrad Schmitts Werke sprechen eine andere Sprache, trotzen evident vermeintlich anspruchsvollen und künstlerisch wertvollen Maßstäbe des Musikbusiness und beweisen, wie der Trialog Komponist – Interpret – Rezipient durchaus zeitgemäß, aber innerhalb eines ausbalancierten Regelkreises entfacht werden kann. Wie zum Beispiel Béla Bartók mit seinem »Mikrokosmos«, Paul Hindemith im »Plöner Musiktag«, Harald Genzmer und Berthold Hummel in zahlreichen Werken für Kinder und Jugendliche oder Carl Orff im »Orff-Schulwerk« reagiert auch Meinrad Schmitt auf die Belange der Laienarbeit und schafft Werke in unterschiedlichen Genres, die in dieser Zielgruppe machbar, verstehbar und mitteilsam sind – Attribute, mit denen Werke selbst renommierter Komponisten der Neuen Musikszene selten oder gar nicht aufwarten können beziehungsweise wollen. Einfach und qualitätsvoll innerhalb des eigenen Ausdrucksbereichs zu schreiben, dürfte eine der schwierigsten Aufgaben sein, denen sich ein Komponist stellen kann. Ein Ethos, dem nicht genug Respekt gezollt werden kann.

Gabriele Puffer

MEINRAD SCHMITTS KOMPOSITIONEN FÜR ORCHESTER

Der Entstehungszeitraum von Meinrad Schmitts Kompositionen für Orchester erstreckt sich über beinahe fünf Jahrzehnte. Den Anfang markiert die 1968 komponierte »›Canzionaccia‹, Improvisation über einen alten Gassenhauer«, als jüngstes Werk ist im Werkverzeichnis »Rota temporis« aufgeführt, »Konzert für Schlagzeug und Orchester über ein Kärntner Volkslied« (2010). Im Laufe der Jahre entstanden neun Werke für Orchester, neun Instrumentalkonzerte, drei Kompositionen für Orchester mit Solostimme oder Chor und vier »Märchen über Musik«, in denen die traditionelle Orchesterbesetzung erweitert ist durch Sprecher, Solisten und Orff-Gruppe. Über diesen langen Zeitraum hinweg entwickelte Meinrad Schmitt seine Klangsprache beständig weiter, ausgehend vom musikalischen Idiom, das er bereits seit den 1950er-Jahren beim Komponieren für kleinere Besetzungen erprobt und gefestigt hatte. In privaten Studien bei Mark Lothar erweiterte er es gezielt mit Blick auf die Möglichkeiten orchestraler Komposition, befasste sich mit den spezifischen Proportionen von Orchestermusik, mit Möglichkeiten der Instrumentierung, der Gestaltung musikalischer Schwerpunkte und groß angelegter Spannungsbögen.

Im Werkverzeichnis sind die Orchesterkompositionen an erster Stelle genannt, noch vor Kammermusik und musikdramatischen Werken. Daraus lässt sich möglicherweise auf die hohe Bedeutung schließen, die der Komponist diesem Teil seines Schaffens zumisst; eine weitaus deutlichere Sprache sprechen in dieser Hinsicht aber die Musikstücke selbst in Anzahl, Umfang und ästhetischem Anspruch.

Musikalische Bildhaftigkeit

»›Ikarus‹, Szene für Orchester« (1969); »›H-A-D-Es‹, amythologisches Spiel für Orchester« (1976); »Canto invitto« (1979); »Musica serena per orchestra a fiati« (1986); »›Une promenade dans le ciel‹, Metamorphosen für Orchester nach Grandville« (1987); »›Commedianti‹, pezzi piccoli per orchestra« (2004); »›TABU‹, vier Szenen für Kammerorchester« (2008): Bereits die Titel etlicher Orchesterwerke verweisen auf Gestisches, Szenisches, Spielerisches oder Bildhaftes und damit auf den Umstand, dass Meinrad Schmitt in diesem Bereich seines Schaffens gerne zu »theatralischen« Gestaltungsmitteln greift. Dabei hat er aber keineswegs immer ein außermusikalisches »Programm« vor Augen. Schon in den ersten Orchesterkompositionen reicht die inhaltliche Bandbreite vom rein musikimmanenten, abstrakten »Spiel« mit einer Tonfolge wie in »H-A-D-Es« bis hin zum »Ikarus« als einer Komposition mit explizit außermusikalischen Bezügen. Meinrad Schmitt schreibt in der Regel für große sinfonische Orchesterbesetzung, angereichert durch differenziert eingesetztes Schlagwerk. Dies ermöglicht ihm die Gestaltung farbenreicher, ausdrucksintensiver, klangsinnlicher musikalischer »Bilder« und Gesten.

Als charakteristisches Beispiel für Meinrad Schmitts Haltung gegenüber programmatischen Bezügen lässt sich »Ikarus« (1973) heranziehen. Das Werk ist ursprünglich als Ballettmusik konzipiert. Auch nach der Umarbeitung für den Konzertsaal sind noch Stationen einer Bühnenhandlung wahrnehmbar, wie etwa der plastisch ausgeformte Kampf zwischen Ikarus und dem Sonnengott Helios. Meinrad Schmitt möchte aber keineswegs als »Programmmusiker« verstanden werden, der Außermusikalisches mehr oder weniger unmittelbar in Musik übersetzt. Ihm geht es vielmehr darum, in Musik auszudrücken, welche Resonanz das Sujet bei einem empfindsamen Betrachter, Leser oder Beobachter auslösen könnte:

Und wenn der empfindsame Betrachter ein Komponist ist, dann wird das Verarbeiten der Eindrücke in ganz besonderer Weise, in kompositorischer Weise, passieren.[1] Dabei soll die Musik auch dann schlüssig und verständlich wirken, wenn sie ohne Kenntnis eines zugrunde liegenden Programms als »absolute Musik« wahrgenommen wird. Diesen hohen Anspruch formuliert Meinrad Schmitt ebenso mit Blick auf den musikalischen Laien wie auf den analytisch geschulten Kenner. Bezogen auf die sich im Nichts verlierenden Schlusstakte von »Ikarus« erläutert er: *Man kann selbstverständlich bei der absoluten Musik bleiben. Dann würde ich sagen, hier ist deutlich das Motiv des Anfangs erkennbar, das noch einmal als Phantom erscheint. Aber es ist ebenso legitim, hier zum Beispiel eine gewisse Traurigkeit wahrzunehmen. Trauer, Entsetzen über den Absturz des Ikarus, oder vielleicht auch die Trauer darüber, dass er am Ende im Nichts, in der Unbedeutendheit, verschwindet. Das darf man ruhig in diese Stelle hineininterpretieren.*

Ebenfalls von Beginn an programmatisch konzipiert ist »Im Zeichen der Venus« (2003). Dem Wunsch der damaligen Auftraggeber gemäß sollte die Komposition einen Bezug zur Stadt Augsburg als dem geplanten Uraufführungsort haben. Nach längerer Recherche entschied sich Meinrad Schmitt für eine musikalische Reaktion auf den 2001 auch überregional bekannt

---

1   Meinrad Schmitt in einem Gespräch, das die Autorin am 6. August 2014 mit ihm führte. Zitate im Text stammen, soweit nicht anders vermerkt, aus diesem Interview.

gewordenen Kunstskandal um Markus Lüpertz' Skulptur »Aphrodite«. Eine großzügige private Spende hatte es seinerzeit der Stadt Augsburg ermöglicht, die neoexpressionistische »Aphrodite« als Brunnenfigur für den Ulrichsplatz in Auftrag zu geben und damit das Ensemble der drei Renaissance-Prachtbrunnen entlang der Maximilianstraße durch ein zeitgenössisches Werk zu ergänzen. Dem entsprechenden Stadtratsbeschluss folgte eine kontroverse, zum Teil polemisch geführte öffentliche Diskussion. Unter dem Druck eines ablehnenden Bürgervotums nahm der Augsburger Stadtrat schließlich Abstand von seinem ambitionierten Vorhaben. Einen dauerhaften Platz in der Stadt fand »Aphrodite« erst nach längerer Suche und in wenig prominenter Lage: Das Werk steht mittlerweile im Innenhof des Mediengebäudes der »Augsburger Allgemeinen«, deren Herausgeberin die Skulptur gestiftet hatte.

Meinrad Schmitts musikalischer »Venus«-Zyklus bezieht seine Antriebsenergie aus der polarisierenden Wirkung der Lüpertz-Skulptur auf die Augsburger Bürger. Die Titel der einzelnen Sätze verweisen auf Venus-Darstellungen aus verschiedenen Epochen der Menschheitsgeschichte. Der Bogen reicht von der steinzeitlichen »Venus aus Munhata« bis zur Kunst der Gegenwart. Bereits die Auswahl der in den »musikalischen Blick« genommenen Kunstwerke stellte einen Teil des Kompositionsprozesses dar. Die »Symmetrieachse« des Zyklus bilden drei musikalische Reflexionen von Renaissance-Darstellungen der Göttin, gefolgt und abgeschlossen von einem Satz, der der zeitgenössischen »Aphrodite« gewidmet ist. In Meinrad Schmitts Musik kann also Lüpertz' Aphrodite ihren geplanten Ort als Ergänzung und Abrundung eines dreiteiligen Renaissance-Ensembles einnehmen, allerdings in »gebrochener« Weise: Der letzte Satz trägt den Untertitel »Passio Veneris« (Leidensweg der Venus). Alle anderen Sätze sind auf ihn als inhaltlichen wie musikalischen »Fluchtpunkt« hin ausgerichtet.

Der Komponist spürt in seinen »Reflexionen« der Vielgestaltigkeit der Gemälde und Plastiken musikalisch nach – dem Geheimnisvollen der »Venus aus Munhata«, der tänzerischen Anmut der »Venus von Vincenzo Danti«, der Dynamik von Wind und Wellen, denen die »Venus von Sandro Botticelli« entsteigt, und der sinnlich-entspannten Ruhe der »Venus von Giorgione«. Eine musikalische Bildergalerie ist damit aber keineswegs intendiert. Der Untertitel »Reflexionen für großes Orchester« macht deutlich, dass es in erster Linie darum geht, Assoziationen und Empfindungen in musikalische Form zu bringen, die sich während des Betrachtens der Kunstwerke beim Komponisten einstellen. Das Orchester wird zum differenzierten »Sprachrohr« seiner Eindrücke.

Musikalisch »personifiziert« wird das Jahrtausende alte Konzept »Venus/Aphrodite« durch die Melodie eines »Venus-Lieds« aus dem 16. Jahrhundert:

Notenbeispiel 1: »Im Zeichen der Venus«, »Aphrodite von Markus Lüpertz«, Takt 39ff. (Trompetensolo).

Motivisches Material aus dieser Melodie, insbesondere aus den ersten beiden Takten, zieht sich durch alle Sätze der Komposition, blitzt bereits an prominenter Stelle in den ersten Takten der Introduktion auf und beschließt auch das Werk. Zusammenhängend erklingt die schlichte Melodie allerdings nur einmal und erst im letzten Satz, eingebettet in weiche Streicher- und Holzbläserklänge. Sie bildet das verletzliche Pendant zu mehrfach sich wiederholenden, schnell an Dauer und Intensität gewinnenden harten Fortissimo-Schlägen der Blechbläser und des Schlagwerks. Den solchermaßen musikalisch umgesetzten Konflikt lässt Meinrad Schmitt in eine musikalische »Katastrophe« münden, für die er ein ausgefallenes Gestaltungsmittel wählte: Ab Takt 122 ist der sechste Satz von »Im Zeichen der Venus« weitgehend identisch mit der Schlusspassage des 30 Jahre älteren »Ikarus«, in der Ikarus' Unterliegen im Kampf gegen den Sonnengott und sein katastrophaler Absturz ins Meer thematisiert sind.

Kleine Abweichungen zwischen den beiden Fassungen sind wohl zum Teil der Notwendigkeit geschuldet, die Finaltakte des »Ikarus« an die spezifische tonartliche und motivische Faktur des letzten »Venus«-Satzes anzupassen. So erscheinen beispielsweise in den Holzbläserstimmen des »Absturzes« ab Takt 127 absteigende chromatische Triolenfiguren an Stelle der durchbrochenen Sechzehntelketten der ursprünglichen Fassung. Damit stellt der Komponist einen Rückbezug her zu entsprechendem motivischem Material, das bereits mehrfach zuvor in der Komposition verwendet ist – unter anderem, um im Satz »Venus von Botticelli« das dynamische Spiel von Wind und Wellen zu evozieren. Auch die ätherische Streichermelodie aus dem musikalischen Epilog des »Ikarus« erfährt in der »Venus«-Komposition eine Modifikation: Die choralartige Melodie ist so erweitert, dass hier nochmals das Anfangsmotiv des »Venus-Lieds« aus Notenbeispiel 1 aufscheinen kann:

Notenbeispiel 2: »Im Zeichen der Venus«, »Aphrodite von Markus Lüpertz«, Takt 150ff.

Erklären lässt sich die ungewöhnliche Gestaltung des »Venus«-Finales möglicherweise mit einem Hinweis Meinrad Schmitts auf das Gemälde »Landschaft mit dem Sturz des Ikarus« von Pieter Breugel dem Älteren:

> *Mark Lothar hat mich auf das Bild aufmerksam gemacht. Er hat dazu gesagt: »Sehen Sie, das ist so typisch. Da passiert etwas Unglaubliches, aber der gewöhnliche Mensch, der Bauer, geht unbeeindruckt seinem Tagwerk nach. Er kennt es nicht anders.*

Angewandt auf den Augsburger Kunstskandal ließe sich folgern, dass Meinrad Schmitt möglicherweise zum musikalischen Selbstzitat greift, um einerseits das Unerhörte des Vorgangs an sich zu unterstreichen und andererseits die Gleichgültigkeit musikalisch zu spiegeln, mit der viele Zeitgenossen dem Geschehen gegenüberstanden und -stehen.

Musik als »Zeitkunst«: Analogie und Kontrast

Meinrad Schmitts kompositorische Arbeit gründet auf der Überzeugung, dass Musik eine »Zeitkunst« sei, mit Spannungsbögen, die stets auf ein Ziel gerichtet sein sollten. Zentrale Begriffe sind dabei »musikalische Logik« und »Entwicklung«. Praktisch jeder Moment seiner Musik ist Teil eines dichten Netzes von Abhängigkeiten und Wechselbeziehungen, ist Ergebnis vorheriger Entwicklungen und gleichzeitig Ausgangspunkt für Neues. Wesentlicher Teil jedes Kompositionsprozesses ist das immer neue Ausbalancieren von Analogie und Kontrast im Sinne von Igor Strawinskys »Musikalischer Poetik«:

> *Der Kontrast ist etwas, das das unmittelbare Interesse weckt. Aber nur die Analogien, die Entsprechungen, befriedigen auf die Dauer. Das heißt für mich, dass ich eine behutsame Entwicklung anstrebe. Ein Kontrast sollte immer die Folge einer Analogie sein. Bildlich gesprochen: Selbst wenn ich einen neuen Impuls setze, muss es einen organischen Übergang geben, so dass ich nicht von einem gelben in ein blaues Zimmer stürze, sondern von einem gelben in einen orangen, in einen braunen, dann in einen grauen und schließlich in einen blauen Raum überwechsle. Es geht um die Frage, ob das, was mir Neues einfällt im Arbeitsprozess, sich wirklich logisch mit dem bereits Vorhandenen verknüpfen lässt. Darin besteht, glaube ich, der Kern der*

> kompositorischen Arbeit. Man darf nicht vergessen, dass »componere« eigentlich »zusammenstellen« oder »aufbauen« heißt. Und genau hier liegt ja der Unterschied zum Improvisieren.

Eine unmittelbar wahrnehmbare Konsequenz dieser Haltung ist die Kürze von Meinrad Schmitts Kompositionen: Selbst mehrsätzige Orchesterwerke dauern gewöhnlich nicht länger als 15 Minuten. Auch das mit Abstand längste Stück, »Im Zeichen der Venus«, Reflexionen für großes Orchester« (2003), nimmt mit seinen sechs Einzelsätzen weniger als eine halbe Stunde Aufführungszeit in Anspruch. Dem Komponisten ist es wichtig, keine überlangen Werke in die Welt zu setzen. Maßgabe ist dabei die Frage, was das musikalische Material »hergibt«:

> *Lieber ein brauchbares Stück mit elf Minuten Dauer als ein elend langes. Wenn ich das Gefühl habe, es ist eine Idee ausgeschöpft, dann: Schluss!*

Kennzeichnend für alle mehrsätzigen Orchesterwerke Meinrad Schmitts sind die ausgewogenen zeitlichen Proportionen der Sätze und ihre sorgfältig durchdachte Dramaturgie. Exemplarisch dargelegt sei dies am Beispiel von »Im Zeichen der Venus«. Die Komposition ist auf den letzten Satz hin ausgerichtet, der mit fünfeinhalb Minuten Aufführungsdauer zeitlich das größte Gewicht erhält und den dramatischen Höhepunkt des Werks bildet. Etwa halb so lang fällt die Introduktion am Beginn des Werks aus: Hier sind bereits zahlreiche wichtige Motive der Komposition auf engem Raum versammelt. Die vier Binnensätze sind mit jeweils vier bis viereinhalb Minuten Dauer etwa gleich gewichtet und erzeugen in ihrer Anlage einen wohl kalkulierten Spannungsbogen, wie man ihn aus Sinfonien der Wiener Klassik kennt. Satz II, »Venus von Munhata (4500 v. Chr.)«, bildet mit seinem verhaltenen, geheimnisvollen Beginn einen unmittelbaren Kontrast zur triumphalen »Vorhang-auf-Geste«, mit der die Introduktion endet. Der folgende Satz, »Venus von Vincenzo Danti«, basiert auf demselben Grundpuls wie Satz II, nun aber bezogen auf einen 6/8-Takt (♩. = 66 statt zuvor ♩ = 66), und bekommt unter anderem dadurch einen tänzerisch-heiteren Charakter. Der sehr lebendige Satz IV, »Venus von Botticelli«, kehrt zum Tempo der Introduktion zurück (♩ = 144) und endet wie diese mit einer triumphalen Schlusswendung, was die ersten vier Sätze zu einer Einheit verbindet. Auf den ersten Blick könnte die Komposition hier schon zu Ende sein – war doch bereits eine Art Sinfonietta zu hören aus vier motivisch aufeinander bezogenen, im Charakter kontrastierenden Einzelsätzen. Der Schlussklang fällt allerdings verdächtig spannungsarm aus, es handelt sich um einen D Dur-Akkord, in den nur in der Mittellage die Töne e und h eingestreut sind. Verglichen mit der deutlich spannungsreicheren Schlusswendung der Introduktion, die in ihrer Komplexität als durchaus typisch für Meinrad Schmitts Klangsprache gelten kann, ergibt sich hier ein deutliches Ungleichgewicht.

Und tatsächlich geht die Musik weiter: Satz V, »Venus von Giorgione«, beginnt ebenso harmonisch entspannt wie Satz IV zuvor geendet hat. Mit einem Tempo von ♩ = 60 und der Vortragsbezeichnung »Andante amoroso« bildet dieses Stück den energetischen Ruhepol der Komposition. Meinrad Schmitt vergrößert hier quasi die »Fallhöhe«, gestaltet den größtmöglichen Kontrast zum sich anschließenden, hochgradig konflikthaften Satz VI, »Aphrodite von Markus Lüpertz – Passio Veneris« mit seiner finalen Katastrophe.

Den Hörer an die Hand nehmen: Gestaltung der Anfänge

Ausgesprochen charakteristisch für Meinrad Schmitts Orchesterwerke wie für seine Kammermusik ist die Art, wie er seine Stücke beginnen lässt: Fast immer wird der Hörer zu Beginn einer Komposition gleichsam *an die Hand genommen* und behutsam in den komplexen tonalen Raum hineingeführt. Ein Grund- oder Zentralton wird deutlich hörbar vorgestellt, bald wird behutsam ein Spannungston hinzugenommen. Als Beispiel möge der Beginn von »Ikarus‹, Szene für Orchester« (1973) dienen:

Notenbeispiel 3. »Ikarus«, Satz I, Takt 1–4.

Hier wird die None zum »konstituierenden Intervall«, über dem sich allmählich die übrigen Töne einer dodekaphonen Reihe aufbauen. Im Notenbeispiel 4 sind diese so notiert, wie sie am Anfang des Stücks nacheinander erklingen:

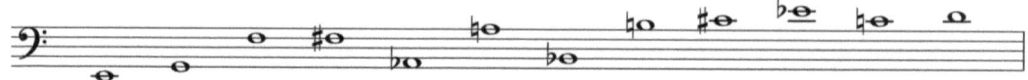

Notenbeispiel 4: »Ikarus«, Satz I, Tonmaterial der Takt 1–7.

Durch die unterschiedliche Verteilung der Reihentöne auf Instrumente, Instrumentenkombinationen und Oktavlagen entsteht eine Art »Klangfarbenmelodie«, jeder neu hinzutretende Ton wird zum Ereignis. Gleichzeitig dosiert der Komponist den Zuwachs an harmonischer Schärfe so, dass zum Ende der Reihe hin eine Verdichtung stattfindet: Die letzten fünf Töne liegen, was ihre Intervallstruktur betrifft, deutlich enger beieinander als ihre Vorgänger. Unterstützt wird dieser Effekt im ersten Satz des »Ikarus« durch eine zunehmende Verdichtung auf rhythmischer Ebene: Bis zum Erscheinen des vierten Reihentons fis vergehen knapp zehn Sekunden, das As der Bassklarinette wird nach weiteren fünf Sekunden hörbar, die letzten vier Reihentöne treten fast im Sekundentakt neu hinzu (Takt 7 mit Auftakt). Ab Takt 8, nach etwa 36 Sekunden, scheint sich dann die solchermaßen behutsam aufgebaute Spannung zu verselbstständigen, aleatorische Elemente in den Bläserstimmen tragen dazu maßgeblich bei. Die Musik gewinnt in einem Ausmaß an Fahrt und Wucht, das an eine startende Lokomotive denken lässt. Musikalisches Sinnbild einer dramatischen Entwicklung, die ganz allmählich, mit einer leise, aber hartnäckig wiederholten Idee beginnt und dann unaufhaltsam wird?

Lineare Dodekaphonik

Häufig bildet eine mit großer Sorgfalt konzipierte Zwölftonreihe die musikalische »Keimzelle« einer Orchesterkomposition. Meinrad Schmitt entwickelte dafür ein Verfahren, das er als »lineare Dodekaphonik« bezeichnet. Dabei nutzt er die vielfältigen Möglichkeiten zur Gestaltung zwölftöniger Reihen, um unkonventionelle, gleichermaßen spannungsreiche wie kantable melodische Kurven zu entwerfen. Auf Ebene der klanglichen Vertikale verlässt der Komponist allerdings das Regelwerk der Dodekaphonie wieder. Seine Melodien hüllt er in ein klangliches Gewand, dessen Gestaltung sich etwa zu gleichen Teilen aus »klassischer« Satzlehre und aus Intuition speist. Im Falle des dritten Satzes von »Ikarus« entfalten sich zwei Flötenstimmen in freier Imitation über einer minimalistischen Schlagwerkbegleitung. Fast das gesamte diastematische Material lässt sich aus Transpositionen der ersten drei Reihentöne aus Satz I des »Ikarus« ableiten (e-g-f, vgl. Notenbeispiel 3 und 4):

Notenbeispiel 5: »Ikarus«, Satz III, Takt 6–17

Wie intensiv die einzelnen Sätze eines mehrteiligen Werks aufeinander bezogen sind und wie viele Varianten Meinrad Schmitt einem kurzen Motiv abgewinnen kann, lässt sich exemplarisch zeigen anhand der Satzanfänge aus »›H-A-D-Es‹, amythologisches Spiel für Orchester« (1976). Das Werk entstand als Auftragskomposition für das damals neu gegründete Bayerische Landesjugendorchester. Meinrad Schmitt ging mit dem Anspruch an die Arbeit heran, den jungen Musikern nicht nur eine Herausforderung zu bieten: sie sollten das Stück auch mit Freude musizieren können. Die musikalischen Fertigkeiten der Jugendlichen sollten ebenso gut zur Geltung kommen wie die spezifischen klanglichen Qualitäten ihrer Instrumente. Frustrierende »Füllstimmen« für einzelne Instrumente oder Instrumentengruppen sollte es nicht geben – und das alles, ohne Abstriche am musikalischen Ausdruckswillen und an der mittlerweile bewährten eigenen orchestralen Klangsprache machen zu müssen. Es entstand ein Werk mit klaren tektonischen Strukturen und hoher klanglicher Transparenz. Im Vergleich zum drei Jahre zuvor uraufgeführten »Ikarus« sind harmonische und metrische Kleingliedrigkeit reduziert zugunsten größerer Flächigkeit sowie leichter zu verfolgender rhythmischer Strukturen. Zu hören sind fünf energiegeladene, plastisch konturierte und motivisch kunstvoll miteinander verschränkte Sätze, deren gemeinsame Grundidee die des »Spiels« mit der namengebenden Tonfolge h – a – d – es ist. Der Untertitel »amythologisches Spiel« soll die Tatsache unterstreichen, dass es sich hier um »absolute Musik« handelt und der Komponist kein außermusikalisches Programm im Sinn hatte.

Notenbeispiel 6: »H-A-D-Es«, Satz I, Takt 1.

Notenbeispiel 6: Zu Beginn des ersten Satzes werden die vier Töne h – a – d – es fanfarenartig in den Raum gestellt, der folgende Orchesterakkord enthält die übrigen acht Töne der zugrunde liegenden Skala.

Satz II beginnt mit einer quirligen Variante der Viertonfolge:

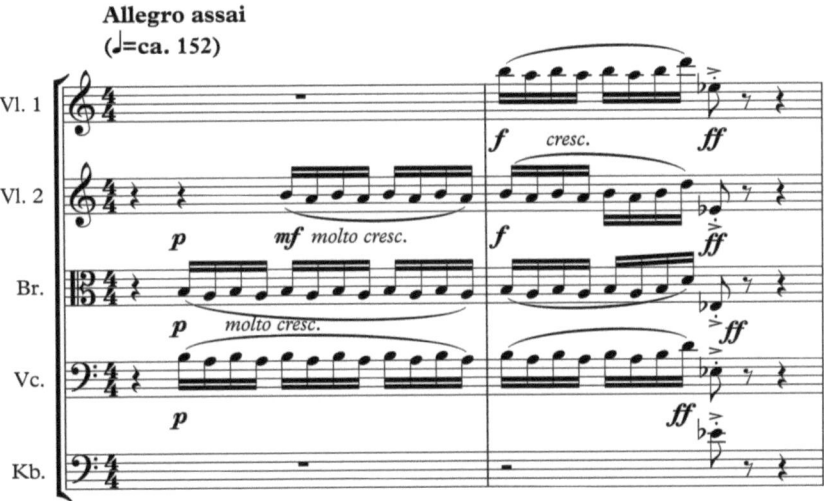

Notenbeispiel 7: »H-A-D-Es«, Satz II, Anfang (nur Streicherstimmen).

Satz III ist als Mittelteil einer A-B-A'-Form in Satz II eingebettet und bildet eine Art »Symmetrieachse« der gesamten Komposition. So erscheint es nur folgerichtig, dass hier eine Variante der Viertonfolge verwendet wird, in deren Mitte eine Spiegelung vorgenommen ist:

Transposition der Tonfolge h – a – d – es: Vertauschen der beiden mittleren Töne, Ton 1 oktavversetzt:

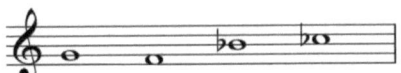   

Ergebnis:

Notenbeispiel 8: «H-A-D-Es», Satz III, Takt 1–5 (nur Violine 1).

Der Beginn von Satz IV kehrt zur Tonfolge h – a – d – es zurück. Sie ist nun jedoch als zarte Klangfarbenmelodie auf verschiedene Orchesterinstrumente verteilt:

Notenbeispiel 9: »H-A-D-Es«, Satz IV, Anfang.

Auch der letzte Satz fängt mit der (nur leicht variierten) Ausgangstonfolge an. Seine Eröffnung steht jedoch klanglich wie ausdrucksmäßig in großem Kontrast zu Beginn und Ende des lyrischen »Lento«-Satzes:

Notenbeispiel 10: «H-A-D-Es«, Satz V, Anfang (Paukensolo).

Ganz im Sinne eines sinfonischen Finalsatzes enthält Satz V von »H-A-D-Es« Reminiszenzen an die vorangegangenen Sätze. Kurz vor Schluss wird das fanfarenartige Anfangssignal des Werks wieder aufgenommen und in eine machtvolle Schlusssteigerung überführt.

Insgesamt enthält Meinrad Schmitts dritte Orchesterkomposition »H-A-D-Es« bereits alle wesentlichen Elemente seiner persönlichen »Orchester-Tonsprache«: Stilistisch speist sich diese Musik aus ganz verschiedenen und immer wieder neuen Quellen, ohne jemals eklektizistisch oder beliebig zu wirken. Die Stücke sind klangsinnlich, energiegeladen, bildhaft, erschöpfen sich aber niemals im bloßen Effekt. Den Bedürfnissen der Musiker nach befriedigenden Musiziererlebnissen wird ebenso Rechnung getragen wie denen der Hörer nach transparenten, ohne »Gebrauchsanleitung« nachvollziehbaren musikalischen Strukturen. Als überzeitlich vorhandenes energetisches Zentrum der Kompositionen lässt sich die Kombination zweier scheinbar unvereinbarer Prinzipien ausmachen: Dodekaphone Reihentechnik und motivisch-thematische Entwicklung im Sinne der klassisch-romantischen Tradition, das Spiel mit Analogie und Kontrast, fügen sich in Meinrad Schmitts Werken stets zu einem organischen Ganzen. Es entsteht eine Musik, die auf mehreren Ebenen anspricht: Meinrad Schmitts Orchesterkompositionen sind gleichermaßen Einladung zum sinnlichen Genuss wie intellektuelle Herausforderung – zum »Verstehen«, zur geistigen Durchdringung, zum hörenden Nachvollzug.

Peter Wittrich

Komponieren für »Kenner, Könner und Liebhaber«
Zur Kammermusik von Meinrad Schmitt

Auf den ersten Blick zeigen seine Werke markante Elemente in der Handhabung des musikalischen Materials: sehr hohe handwerkliche Qualität, Berücksichtigung von Spielbarkeit und spezifischer instrumentaler Möglichkeiten, Motive und Themen mit profilierten Konturen. Sie alle stehen explizit im Sinne des Ausdrucks und geraten nicht zum Selbstzweck. In Bezug auf Form und satztechnische Gestaltung bleibt die Anbindung an klassische Vorbilder gewahrt und in ihrer Klangsprache sind seine Werke – mit wenigen Ausnahmen – einer erweiterten Tonalität verpflichtet. Dabei macht es keinen Unterschied, ob nun Profis oder Laien die Adressaten seiner Kompositionen sind – der Sinngehalt und die tonsetzerische Qualität bilden eine Art Universalsprache, die in der reduzierten Einfachheit nichts gegenüber einer virtuosen Schreibweise für Profis einbüßt.

Meinrad Schmitt selbst[1] teilt seine stilistische Entwicklung in drei Phasen ein:

1. Die frühen Werke, zum Teil noch unter der Obhut seines Lehrers Harald Genzmer stehend,
2. eine dodekaphone Phase ab »Chorideon« für Flöte, Violoncello und Klavier (1973),
3. eine bis heute andauernde Periode, die unter dem Einfluss des diatonischen Naturells der Konzertharfe und damit einer freitonalen Neuorientierung steht. Die siebenstufige Diatonik der Harfe mit den zahlreichen Möglichkeiten, durch Verstimmung einzelner Töne neuartige und exotische Skalen zu formen, die damit unverkennbar in die Nähe der Messiaenschen Melodiebildung rücken, ohne ihn dabei auch nur annähernd zu kopieren, erlaubten es Schmitt, seine individuelle, unverwechselbare Prägung einer ihm eigenen Tonsprache zu entwickeln.

Sieht man von dem äußerst umfangreichen Musiktheaterschaffen einmal ab, enthält das Werkverzeichnis im kammermusikalischen Sektor eine Vielzahl von Kompositionen, eröffnet mit Solowerken für Klavier, Harfe und Schlagzeug, gefolgt von Duos, Trios, Quartetten bis hin zu Quintetten und größeren

---

[1] Gespräch des Autors mit Meinrad Schmitt am 24. Februar 2015.

Besetzungen. Es versteht sich im Grunde von selbst, repräsentativ aus diesem umfangreichen Œuvre einige markante Werke unterschiedlicher stilistischer Couleur stellvertretend für die Arbeitsweise des Komponisten herauszugreifen.

Zu den frühen Werken zählen neben einer »Sonatine« für Klavier aus dem Jahr 1957 und einer »Sonate« für Violine und Klavier von 1964 das noch unter Genzmers Obhut entstandene 1. Bläserquintett »Variationen über ein Renaissancethema« für Flöte, Oboe, Klarinette, Horn und Fagott aus dem Jahr 1960. Bereits die Wahl eines Themas aus dieser Epoche zeigt seine starke Affinität zur Tradition, der gleichzeitig der Impuls innewohnt, aus dem musikalischen Erbe Neues in einer zeitgemäßen, ja bis heute durchaus zeitlosen Klangsprache entstehen zu lassen.

1. Bläserquintett (1960)

Nach der Vorstellung des Themas, das in einem leicht durchbrochenen Satz wechselweise in den hohen Bläsern erklingt, folgen fünf Variationen mit klassischen Techniken, wie figuriertem cantus firmus (c.f.) und stark motivisch ausgerichteten Charaktervariationen, in denen Themenpartikel nur noch fragmentarisch in Erscheinung treten. Taktwechsel und harmonische Erweiterungen lassen den Geist der Renaissance mit zeitgemäßen Mitteln neu aufkeimen.

Thema und 1. Variation in beherztem *Allegretto* erklingen noch überwiegend im Klanggewand ihrer Zeit mit typischen Grundstellungsakkorden der Kadenz und homophoner Gestaltung. Geschickt vermag Schmitt allerdings schon nach wenigen Takten im »alten Stil« eine Brücke zur Freitonalität zu schaffen, indem wiederholte Thementeile harmonisch überhöht, ironisch verzerrt werden und somit Ausblicke auf die kommenden Variationen gewähren. Eine Gegenüberstellung der Takt 5–8 mit den Takt 13–16 beziehungsweise Takt 25–28 und Takt 29–32 möge dies verdeutlichen:

Metrischer Wechsel zum Dreiertakt, imitatorische Ansätze und wandernde c.f.-Abschnitte durch die einzelnen Instrumente, verbunden mit Kontrapunkttechniken des »stile antico« geben der ersten Variation einen noch klassisch-figurativen, handwerklichen Zuschnitt. Der terzlose Oktav-Quint-Klang am Ende – Punkt und Doppelpunkt zugleich – setzt nun im *Allegro energico* der zweiten Variation den Impuls für eine gänzlich neue Faktur. Häufige Taktwechsel, Trillerpassagen, laufende Sechzehntelketten agieren in einem dichten Netz aus Melodiefragmenten und launig-virtuosen Gegenstimmen als gleichberechtigte Partner. Konstitutiv für den tonalen Hintergrund sind diatonische Skalenverläufe und potenzierte Terzenschichtungen, woraus schnelle Wechsel tonaler Räume resultieren und somit einer singulären tonikalen Zentrierung entgegen gewirkt wird.

Notenbeispiel 1: 1. Bläserquintett, Renaissancethema.

Insbesondere bei den Terzenreihungen fühlt man sich an Gestaltungsprinzipien seines Lehrers Harald Genzmer erinnert. Ein typisches Idiom seiner Sprache, an der der einstige Hindemith-Schüler zweifelsohne gut festzumachen ist und vielleicht mag ja in diesem Fall der Geist Genzmers Schmitts Fantasie beflügelt haben, so wie einst der fromme Wunsch des Grafen Waldstein im Fall Beethovens: *Mozart's Geist aus Haydens Händen!*[2] Dies ist aber in jedem Fall als positives und ehrenvolles Zeichen zu werten, da traditionsverpflichtete Komponisten des 20. Jahrhunderts wie etwa Benjamin Britten in gleicher Weise verwandte Mittel einsetzen. Man denke nur an sein berühmtes Orchesterstück »The Young Person's Guide to the Orchestra«, wo es zum Beispiel in den Variationen E (Violinen) und F (Viola) zu sehr ähnlichen Melodiebildungen kommt. Hierin findet sich Meinrad Schmitt in bester kollegialer Gesellschaft und die Parallele zu einem großen Orchesterwerk in Variationsform spricht für sich.

Formal zeichnet sich dieser Scherzo-Satz durch eine interessante Komponente aus. An die Stelle eines Trios tritt ein *Sostenuto* überschriebenes Rezitativ von elf Takten für alternierende Flöte und Oboe; begleitet und kommentiert

---

2   Zitiert nach: Jan Caeyers: Beethoven – Der einsame Revolutionär, München 2012, S. 114.

von den anderen Instrumenten. Typischer Impulsakkord eines barocken Rezitativs ist ein in der Regel eröffnender Sextakkord, der im Quintett als Mollakkord ohne Quinte mit ajoutierter großer Septime und None, zuerst auf d-Moll (Takt 37), zwei Takte später auf c-Moll, danach auf b-Moll, erklingt, also real um Ganztonschritte nach unten verschoben wird. In Takt 43 kehrt zitathaft die Konstellation von Takt 37 zurück (auf d) und zwei Takte danach folgt über as eine aufhellende Durterz-Variante. Melodisch artikulieren sich die rezitierenden Stimmen in scheinbar freier Metrik, sind jedoch rhythmisch genau notiert bei permanentem metrischen Wechseln. Bevorzugte Intervalle sind Quarten und Septimen, die man sich auch aus Quartenreihungen generiert vorstellen kann, welche insgesamt in einem sprunghaften und registerübergreifenden Duktus eingesetzt werden. Gleich einer Klangrede folgen kurze Abschnitte durch deutliche Interpunktion gegliedert aufeinander, wobei das Tonmaterial der Melodien anfangs konträr zum grundierenden Klang steht und es erst ab Takt 43 zu teilweise übereinstimmenden Tonfeldern kommt.

Variation 3, mit 95 Takten die längste, besteht aus vier Abschnitten, zwischen denen dreimal das gleiche Fagott-Klarinetten-Ritornell mit einleitendem Charakter zum Folgeabschnitt erklingt, woraus eine liedhaft-strophische Anlage hervorgeht. Begleitet von *staccato*-Figuren der anderen Stimmen ist dieser Teil überwiegend homophon gearbeitet und besitzt ariosen Charakter. Reprisenhaft verhält sich in den Anfangstakten der letzte zum ersten Abschnitt, wobei im Schlussteil die metrische Ordnung verändert wird und die Folgeentwicklung unterschiedlich verläuft.

Als c. f. dient der dem Themahintergrund innewohnende strukturelle Quintzug der Anfangstakte 1–4 des Themas. Gewissermaßen entkleidet von jeglichen figurativen Elementen präsentiert sich hier in freier Rhythmisierung und Augmentation der melodische Faden pur. Mit jedem Abschnitt erfährt diese Themenform eine neue Rhythmisierung und im dritten Abschnitt tritt sie reichhaltiger figuriert auf. Hinzu kommt die wechselnde tonale Verankerung von A (erster Abschnitt) nach Gis (zweiter und dritter Abschnitt) und wieder zurück nach A (vierter Abschnitt). Bei genauerem Hinhören dürfte es nicht schwer fallen, ein Prinzip der Variation der Variation mit variierter Reprise zu erkennen.

Eine einleitende Geste der Klarinette, schon auf die kommenden Ritornelle verweisend, führt zur Bildung eines kontinuierlichen, komplementärrhythmisch angeordneten Achtelbandes. Erstmalig unterbrochen in Takt 10 mischen sich kapriziöse Skalenausschnitte in das Geschehen ein und unterlaufen zeitweilig die konstante Bewegung. Eine aufwärts strebende Achtelfigur, gewonnen aus dem Begleitmotiv des Themas im Fagott (Takt 9ff.), zu Beginn der Variation und einstimmig von der Klarinette vorgetragen, ist das motivische Antriebsmoment der Ritornelle, teilweise im Dialog mit der Klarinette.

Ab Takt 90 erklingt ein letztes Mal mit allen Instrumenten im hohen Diskantregister die nochmals leicht umgestaltete Textur des ersten Abschnitts mit melodischem Zitat in der Flöte, von der Klarinette mit leise perlenden Arpeggien untermalt und vom Fagott abgewandelt beantwortet. Ein allgemeiner Registerabstieg führt zum A-Dur-Schlussakkord mit ajoutierter None und großer Septime. Besonderer Erwähnung wert dürfte der Umstand sein, dass Variation 1 noch mit einem leeren Oktav-Quint-Klang schloss, in Variation 2 dagegen ein schärferer Doppelterzakkord in Sextakkord-Stellung am Ende steht, Variation 3, wie gesagt, mit einem doppelt ajoutiertem Durklang endet, während Variation 4 mit einem reinen Durklang, die letzte Variation nur noch mit einer Durterz über cis schließt. Zu beobachten ist also ein Spannungsbogen in Bezug auf die Schlussklänge der einzelnen Variationen.

Analog zum klassischen Formverlauf bringt die mit *Lento* überschriebene 4. Variation einerseits Beruhigung ins Spiel, andererseits aber auch charakteristische filigrane Tongirlanden in Flöte, Oboe und Klarinette. Solistisch hebt das Fagott mit einem zeitgenössisch anverwandelten basso continuo-Verlauf im 5/8-Takt an. Ein statisch gleichmäßiger Fluss in Achteln wird an unterschiedlichen metrischen Positionen durch Punktierungen immer wieder »gestört« und erzeugt den Eindruck eines sich variierenden Ostinatos. Ab Takt 4 treten im ausgedünnten Satz Themenfragmente im Horn und der Klarinette hinzu, illustriert von dahin huschenden Einwürfen der Flöte, welche strukturell an die Terzenpaare des Themas angelehnt sind. Ab Takt 12 erarbeiten sich die Instrumente sukzessiv die höheren Register, bis mit Takt 16 ein zunächst begleitetes, ab Takt 19 unbegleitetes Flötensolo einsetzt. Dies mündet in ein kurzes Tutti-Intermezzo, bevor die Klarinette, diesmal zuerst solistisch, dann begleitet in ähnlicher Manier, auftritt. Ein neuntaktiger Schlussabschnitt, in freier Reminiszenz zum Anfang und damit formal abrundend, greift auf das basso continuo-Moment zurück und ist ein schönes Beispiel dafür, wie mit der Umkreisung von Tonalität augenzwinkernd gespielt wird. Metrisch betont tritt stets das E im Fagott ab Takt 34 auf betonter Zeit ein und wird mittels Es in Frage gestellt. Auf E-Dur beziehungsweise e-Moll bezogen wäre Es auch als Dis hörbar, nur wird dies wiederum durch D entkräftet. Mit Ges und As geschieht gleiches. Enharmonisch verwechselt zu Fis und Gis wäre es leitereigener Bestandteil von E-Dur, nur wäre das G fehl am Platz, oder als changierende Mollterz interpretierbar. Eine E-Tonalität zwischen den Welten also.

Klarinette und Fagott mit den beharrlich festgehaltenen Pedaltönen gis und h lassen den nahenden Durakkord erahnen. Allerdings fügt sich die Flöte noch nicht ganz in den Kontext ein. Die quintolische Terzenfigur aus den Takten 4ff. verwandelt sich in diesem Abschnitt zur sextolischen Dreiklangsfigur, die phrygische Wendung f-e mit F Dur – E Dur nachzeichnend. In ihrer Statik unnachgiebig muss sie denn auch im reinen E-Dur-Akkord fernbleiben, wie auch die Oboe, allerdings aus dynamischen Gründen.

Denkt man zurück an die Ausgangstonalität des Themas (g-dorisch) und beachtet man das Terzenpendel g-b zu Beginn der fünften und letzten Variation, was zusätzlich gestützt durch Fagott und Horn, g-Moll als Rahmentonalität fixiert, verweisen beide tonalen Zentren auf eine Kleinterzverwandtschaft, wie sie aus den Werken des 19. Jahrhunderts bekannt sind, jedoch insofern auch auf die Renaissance verweisen, wo derartige Verbindungen an Phrasenzäsuren zwischen Schluss – und Anfangsklängen stilbildend und formgebend eingesetzt wurden.

In der humoresken fünften Variation, die aus dem oben genannten Terzpendel in der Klarinette erwächst, begegnen uns erneut die zentralen Strukturelemente Terzenreihung und Terzenzug in reicher Kombination und heiter-ausgelassener Stimmung. Ein kurzer Mittelteil ab Takt 36, deutlich vom Vorhergehenden mit einer auskomponierten Generalzäsur abgegrenzt, mit einstimmigen Dialogen und reduzierter Harmonik führt zu einem erneuten Aufleben des Grundcharakters bis kurz vor Ende mit einer *Sostenuto*-Interpolation (Takt 69ff.) nochmals größere Themenphrasen in wechselnden Instrumenten zitiert werden, bevor in einem letzten finalen Anlauf der heitere Kehraus mit der variationsöffnenden Pendelfigur in allen Instrumenten beendet wird.

Tonal überraschend wirkt der Cis-Dur-Schlussakkord, der einerseits kleinterzmediantisch zu E, andrerseits zu G im Tritonusverhältnis (= doppelter Kleinterzabstand) steht. Quasi als letzte Referenz an die Renaissance setzt Schmitt mit dem fis-Moll/Fis-Dur-Mischklang mit seiner Auflösung nach Cis-Dur einen plagalen Quintanstieg als Schlusskadenz ein, der dieser Epoche eine stärkere Reverenz erweist als der überstrapazierte Quintfall.

Kokett und mit viel Ironie kommt das beim Internationalen Flötenwettbewerb »Friedrich Kuhlau« prämierte 2. Bläserquintett daher. Schon der Untertitel »Souvenirs de Friedrich Kuhlau«, an Tschaikowskys Streichsextett op. 70 »Souvenir de Florence« erinnernd, und das behutsame Eingliedern von melodischen Zitaten Kuhlaus in den stilistisch völlig ureigenen Schmitt-Stil führen zu einem humorvollen und süffisanten Hörerlebnis. In klassischer Satzanordnung und Tempobezeichnung *Tranquillo. Allegro scherzando – Allegretto con spirito – Andante– Allegro con brio* entwickelt das Nebeneinander von moderner Originalkomposition und klassisch-tonaler Motivik eine besondere Dramatik und wirft immer neue Schlaglichter auf die musikalischen Charaktere. Ein musikalischer Spaß der besonderen Art!

Unter dem Titel »Herbstmusik« entstand zum eigenen 50. Geburtstag eine sehr persönliche Rückschau aufs Leben in Form einer klingenden Biografie. Umrahmt von einem *Lamentoso-* und *Dolente*-Abschnitt in elegischer Grundhaltung folgen ein *Animato, Allegretto scherzando* und *Presto* in teils ironisch-heiteren und ernst-besinnlichem Ton aufeinander.

»Duo 1975« für Harfe und Schlagzeug

Mit der Auseinandersetzung der klanglichen und tonalen Möglichkeiten der Harfe tritt eine neuerliche stilistische Umorientierung ein. Aufgrund der diatonischen Stimmung einer Harfe in Ces-Dur mit sieben Tönen beziehungsweise Stufen und der Möglichkeit, jede Stufe zweimal, eine Doppelpedalharfe vorausgesetzt, aufwärts zu verstimmen (zum Beispiel Ces zu C und zu Cis oder Fes zu F zu Fis), entstehen vielerlei Möglichkeiten, siebenstufige Skalen mit unterschiedlichster Halbton-/Ganztonanordnung zu bilden, aus denen dann nach persönlicher Selektion individuelle Klänge gefiltert werden können. Da sich dabei stets diatonisches Material ergibt im Gegensatz zur dodekaphonen Totalen, die die Verwendung aller zwölf Töne im strengen Reihenablauf vorsieht, sind Werke, in denen die Harfe eine tragende Rolle übernimmt, im Kern tonal, aber gleichzeitig nicht unbedingt tonal im Dur-Moll-tonalen Sinne. Das folgende Schema mag ausgehend von der einfachen C-Dur-Tonleiter den Prozess der Gewinnung freitonaler Skalen aufzeigen:

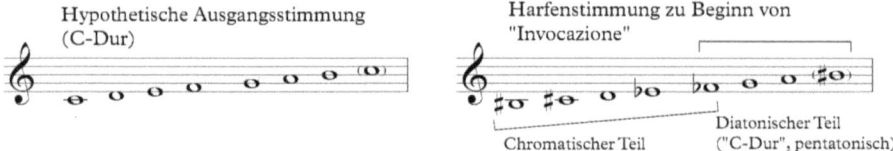

Notenbeispiel 2: Gewinnung freitonaler Skalen.

In C-Dur befinden sich alle Pedale der Harfe in Mittelstellung. Jeder Ton kann also einmal nach oben oder einmal nach unten verstimmt werden. Da jeder Stammton nun zweifach verstimmt werden kann, resultiert daraus eine Vielzahl an potenziellen heptatonischen Skalen, stets mit individueller Platzierung der Halb- und Ganztöne. Stimmt man nun beispielsweise die obige C-Dur-Skala so um, sodass aus c, e, f und h cis, es, fes und his wird, erhält man die Eingangsstimmung der »Invocazione« aus dem »Duo 1975« für Harfe und Schlagzeug. Interessant an dieser Stimmung ist der geschlossene chromatische Ausschnitt zwischen his und fes, dem ein diatonischer Tonraum mit einem charakteristischen übermäßigen Sekundschritt (ähnlich dem der harmonischen Mollskala) gegenübersteht. Die b-Stufe ist nur eingangs als Ausgangspunkt des Pedalglissandos hin zum his eine notwendige Stufe, hat aber in den Folgetakten keine Bedeutung mehr.

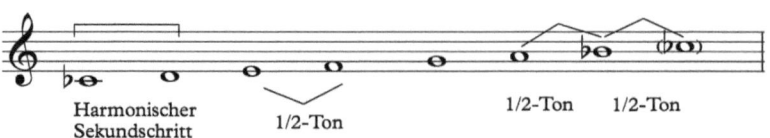

Notenbeispiel 3: »Duo 1975«: Stimmung von Eruzione, 4. Satz.

Im Schlusssatz »Eruzione« ist die Einstimmung sehr nahe an einer Durskala. Hält man sich eine geschlossene achtstufige Tonleiter vor Augen, so wie Dur-Moll-Skalen üblicherweise dargestellt werden, ergeben sich – bei einem imaginierten Grundton ces – Halbtonschritte zwischen e – f (3./4. Stufe) und b – ces (7./8. Stufe), wie in Dur also, aber zusätzlich ein dritter Halbtonschritt a – b. Im Gegensatz zum Dur gibt es jedoch keinen übermäßigen Sekundschritt ces – d und wir haben auch keine Halbtonreihung, wie hier mit a – b – ces. Und natürlich ist ces nicht Grundton, aber auch nicht zwingend b, oder doch f oder e?

Ein ces-b-Pendel in der Harfe zu Beginn dieses Satzes exponiert beide Töne gleichberechtigt nebeneinander und ein Abgang in Ganztönen (Tritonusgang) in den Takt 5 und Takt 6 lässt keinerlei klare tonale Zuordnung erkennen. Ab Takt 5 pendeln nun analog zum Anfang f und e (Transposition um einen Tritonus abwärts), zu denen sich in der Pauke fis, cis und g gesellen. Zu den vorhandenen sieben Tönen der Harfe kommen nun zwei weitere Töne hinzu (g ist Teil beider Partner), so dass sich nun neun Töne im Klangraum befinden; c, es und as fehlen. Obwohl der Tonvorrat beschränkt bleibt und das zwölftönige chromatische Total meidet, bewegt sich die Komposition in freitonalen, das heißt ausgehend von klassischer Dur-/Molltonalität befreiten Bahnen! Und das erheblich gesteuert vom Naturell der Harfe.

Künstlerische Beschränkung kann sehr inspirierend wirken. So auch im Falle Meinrad Schmitts, dessen Fantasie sich an diesem Umstand in einem beträchtlichen Harfen-Œvre entzündet. Es entstehen in der Folgezeit, zum Teil auch aus pädagogischem Interesse heraus, Solowerke für Harfe, darunter »Moment musical« (1977), »Drei Miniaturen« (1987) und »Rhapsodie« (1983). Neben dem oben angesprochenen »Duo« und den »Quattro pezzi für Oboe und Harfe« (2003) stechen die größer besetzten Kammermusikwerke mit Harfe hervor, so etwa das Harfenquintett, die Hoffmann-Fantasie in der Debussy-Besetzung von 1982 oder die später entstandenen sechs Impressionen für zwei Flöten und Harfe von 2002 mit dem Titel »Im Park«.

Unter all den zahlreichen Werken mit Harfe kommt schon allein durch die ungewöhnliche Besetzung mit Harfe und Schlagzeug dem »Duo 1975« eine besondere Bedeutung zu (vor allem wegen der aparten Klangschattierungen), nicht zuletzt aber auch dem Umstand gezollt, eines der ersten Harfenwerke Schmitts und der damit verbundenen Beschäftigung mit den natürlichen Gegebenheiten des Instruments zu sein. Es liegt folglich nahe, dieses Opus etwas genauer unter die Lupe zu nehmen.

Mit den Sätzen »Invocazione« (*Lento*) – »Burletta« (*Vivo*) – »Meditazione« (*Sostenuto*) – »Eruzione« (*Allegro*) steht es aufgrund der alternierenden Folge Langsam – Schnell – Langsam – Schnell der barocken Trio-Sonate beziehungsweise dem Concerto grosso sehr nahe. Bei einem Komponisten, der sich lehrend mit allen Stilistiken und Formen auseinandersetzt und reflektierend im eigenen Werk umformt, eine nicht nur persönliche Komponente, sondern eine über die Epochen hinweg brückenschlagende Intention, Neues in tradiert-etablierten Schemata darzustellen und dem Hörer einen Weg zur Moderne zu ebnen.

Gerade mit dem reichhaltigen Schlaginstrumentarium steht der Harfe ein Partner gegenüber, mit dem die Reduktion auf zwei Spieler durch reichhaltige Klangfacetten und -kombinationen wettgemacht wird. Wohlbedacht werden dabei je nach Tempo, Charakter und Spielweise die Schlaginstrumente eingesetzt und fokussiert. Düster tremolierend beziehungsweise auch kraftvoll energisch spielen die drei Pauken in den Ecksätzen die Hauptrolle, während das klirrend-scharfe Xylophon im Wechsel zu diversen Fellinstrumenten der »Burletta« ihre Kontur gibt; mit zarten Vibraphonpassagen in Begleitung von Glasplättchen, Bambusstäben, Rumbakugeln und drei Becken mit unterschiedlicher Größe setzt sich die »Meditazione« atmosphärisch-schwebend von den umgebenden Sätzen ab.

Klang allein mag zwar per se eine zunächst betörende Wirkung entfalten, aber ohne Struktur und Materialkalkül kann er auf Dauer nur als oberflächliche Hülle überleben. Wie erfüllt nun Schmitt den Rohbau mit Leben, welche Zutaten braucht es, spannungsvolle Kurzgeschichten zu erzählen? Was kann überhaupt beim einmaligen Hören des Werkes erfasst werden, wie ist subjektives Erleben rational auf Verstandesebene vernetzbar, woran lässt sich die meisterliche Raffinesse eines Werks festmachen?

Entsprechend den im jeweiligen Titel angesprochenen Charakteristika entwickelt der Komponist adäquate musikalische Charaktere. So beginnt in der »Invocazione« die Harfe mit Glissandi in tiefer Lage, verbunden mit düsteren Paukentremolandi; eine Anrufung aus dem Inneren, Verborgenen, Dunklen. Verschiedene Motivbausteine, zum Teil gebetsmühlenartig in sich kreisend, führen zu einem ersten Aufschrei, unterstützt von Becken und Tamtam, worauf ein weiterer Abschnitt mit dem nun auch in der Pauke auftretenden Glissandomotiv folgt. In typischen Harfenarpeggien, kontrapunktiert durch die Pauke, strebt der Satz zu einem *più mosso*-Mittelteil, in dem die Pauke mit einer dreitönigen (F-As-g), virtuos gehaltenen Passage zum Protagonisten wird, anfangs mit einzelnen achtstimmigen Harfenakkorden, die zum Höhepunkt hin in Takt 30–33 die Führung übernehmen und sich über drei Register, alternierend zwischen *non arp.* und *arp.* erstrecken. Eingeleitet durch ein plötzlich im *pp* eingeleitetes Paukenglissando setzt eine verkürzte Reprise mit vertrauten, aber leicht modifizierten Figuren ein.

Notenbeispiel 4: »Duo 1975«: »Invocazione«.

Mit kecken Septim- und Nonintervallen eröffnet das Xylophon die »Burletta«. Gleich mit dem ersten Einsatz der Harfe in Takt 3 gelangen neue Spieltechniken zur Anwendung. Akzentgebend das mit *suoni fluidi* bezeichnete Gleiten mit der Stimmgabel über die Saiten. Später tritt das auch auf Streichinstrumenten gebräuchliche *auf den Corpus klopfen* auf, welchem in diesem Satz formbildende Qualität zukommt und einen Abschnitt zeitgleich mit der Eröffnung des neuen beendet. Mit dieser Spieltechnik signifikant eingeleitet beginnt ein zweiter Teil, der das Xylophon gegen Fellinstrumente (Tom-Toms, Timbales, Bongos) eintauscht, und mit dieser veränderten Klangwelt einen hörbaren Kontrast erzeugt. Auf verschiedene Register teils einstimmig, teils akkordisch verteilt treten mit raschen dynamischen Veränderungen verschiedene Gestalten auf die Hörbühne.

In Takt 38 erneut eingeleitet mit Corpusgeräuschen hebt das Xylophon mit einer rhythmisch konturierten Thematik an, die inventionsartig zu einem immer dichter werdenden polyphonen Satz anwächst und abrupt durch Becken- und Corpusgeräusche zum Stillstand gezwungen wird. Gefolgt von tiefen Harfenclustern ab Takt 57, die mittels Oktavversetzungen in dreifacher Intervallstrukturierung erklingen und einmal kurz von Bongos und Timbales kommentiert werden, schließt sich eine satztechnisch-ausgedünnte *più mosso*-Stretta an, deren Impuls von den Tempelblocks ausgeht, zu den Fellinstrumenten wechselt, kontrapunktiert von Corpusgeräuschen mit unterschiedlichen Klanghöhen und schließlich mit schroffen Akkorden im Bassregister beendet wird. Den formalen Rahmen schließend, beendet die dreitaktige Eingangsfigur in leicht modifizierter Intervallkonstellation den Satz, ähnlich dem 1. Satz.

Im 3. Satz »Meditazione« dominiert die Harfe. Erst nach einem ausgedehnten Harfensolo von 27 Takten, das *attacca* in eine Begleitfunktion übergeht, präsentiert das bislang ausgesparte Vibraphon eine episch ausgesungene Melodie mit vertrauten Intervallkombinationen. In einer Steigerung mündet die Phrase in Takt 40 in einen dichten Harfenakkord, von dem aus sich ein Abschnitt in improvisativer Grundhaltung entwickelt. In freier, dahinströmender Weise etabliert die Harfe durch gegenläufige Glissandi eine Klangfläche, über die nun mit Glasplättchen, Rumbakugeln, Bambusstäben, Triangel (gespielt mit einer Stricknadel) und drei Becken rhythmisch nahezu frei improvisierend eine klanglich wie zeitlich sehr entgrenzte Episode ihren Weg bahnt. Erst mit dem völligen Verklingen dieses Teppichs erhebt sich reminiszierend das Vibraphon mit dem Halbton as–g, und die Harfe beendet mit einer sehr verknappten, solistischen Reprise und einem siebenstimmigen Schlussakkord, also der diatonischen Totale, den Satz.

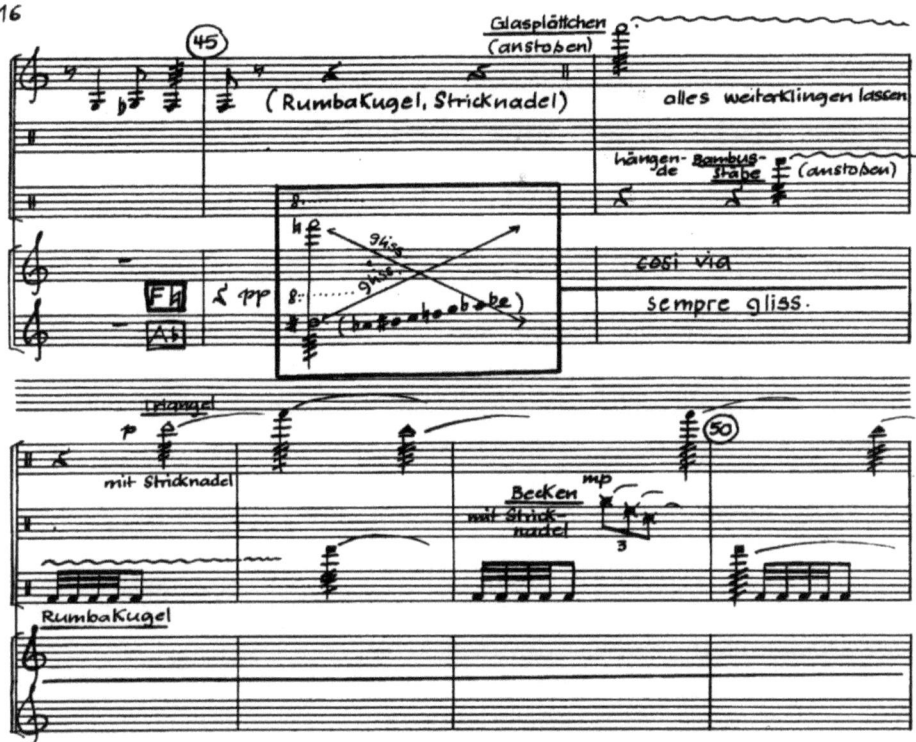

Notenbeispiel 5: »Duo 1975«: »Meditazione«.

Wie schon oben kurz angedeutet kündigt sich mit der wiederaufgegriffenen Kombination Harfe – Pauken vom 1. Satz ein rascher konzertanter Finalsatz an. Der zentrale Halbtonschritt als Urzelle aller Sätze erscheint hier in einer initialen, fallendenden Unisonobewegung ces–b in der Harfe und daran anschließend über ein fallendes Ganztonsegment verbunden und Tritonus-transponiert in der Transposition f–e, quasi als Pendant zum eröffnenden aufwärtsführenden Pedalglissando im 1. Satz. Während sich diese große Septe f–e als Klangschicht rhythmisch pulsierend acht Takte stabilisiert, erhebt sich darüber eine Paukenfigur, die mit der kleinen None fis–g als Rahmenintervall die auf einem gedachten Chroma f-e-fis-g liegenden Töne ergänzend ins Spiel bringt. Mit dem Einbau von cis teilt sich das Rahmenintervall asymmetrisch in Quinte + verminderte Quinte; eine quasi tonale Oktavklammer resultiert daraus nicht, vergleichbar mit den präferierten Intervallkonstellationen der Zweiten Wiener Schule.

Gleich einer Eruption – so auch der Titel »Eruzione« – mündet dieser Passus in Arpeggiengirlanden der Harfe. Ab Takt 20 tritt eine Beruhigung ein und die Dreitongruppe tauscht das cis gegen a (Diatonische Gruppe a-g-fis!), die Harfe bewegt sich in Triolen fort. Nach einem sanften Beckenschlag eröffnen nun die Pauken mit einer erneut modifizierten Dreitongruppe e-fis-g und gespreizten Intervallen einen zweiten Anlauf, der in ein harfentypisches Sechzehntelkontinuum führt (zwei links, zwei rechts), um mit Kleiner Trommel, Tom-Tom und Timbales abgeschlossen zu werden und gleichsam impulsgebend den sich anschließenden *più mosso*-Abschnitt anzukündigen.

In diesem Teil ist der musikalische Satz hörbar verändert: eine sich metrisch verschiebende Ostinato-Linie mit der Tonfolge d-fes-es-cis-his-a-g in Oktaven schafft Raum für einen vierstimmigen Akkordsatz der dominierenden Harfe; hinzu treten neben den zuvor schon exponierten Fellinstrumenten noch die Bongos in freiem Wechsel mit unterschiedlichen, improvisativ wirkenden rhythmischen Figuren. Aus der Harfenstimmung werden Klänge gebildet, in die häufig, wie schon in der initialen Paukenfigur, kleine Nonen impliziert sind beziehungsweise deren Varianten, also große Septen oder auch kleine Sekunden. Aus den Polen d und a und den Tönen cis und g resultiert ein verschwommenes d-Moll, angereichert mit es als besondere neapolitanische Erweiterung und his (= c) und fes (= e) als konterkarierende Komponenten. Freitonal also im besten Sinne!

Ein erneuter Beckenschlag kündet den Höhepunkt an in Form von stagnierenden Harfenakkorden (zweil mal vier Töne) basierend auf der unveränderten Skala und einem chromatisch pendelnden Tremolo auf dem Vibraphon.

In einem groß angelegten Abgesang des Schlagzeugs, betitelt mit »Schlagzeug-Kadenz«, die von der Harfe lediglich mit metrisch-freien Glissandi im Bassregister schwebend unterstrichen wird, erklingen sämtliche Schlaginstrumente in unterschiedlichen Facetten und klaren rhythmischen Strukturen. In Takt 120 folgt nach allmählicher Beruhigung ein letzter siebentaktiger Abschnitt. Über tremolierendem gis der Pauke erhebt sich eine finale 5-tönige Harfenfiguration; ein zweimaliges Aufwärtsglissando, zuerst in der Pauke (gis-c), dann als chromatisches Pedalglissando (b-h-his) in der Harfe setzt den Schlusspunkt im *pp* und schließt gleichsam den Kreis zum ersten Takt der »Invocazione«.

»Miniaturen für Klavier zu vier Händen«

Eine kleine Kostbarkeit verbirgt sich hinter den »Miniaturen für Klavier zu vier Händen« aus dem Jahre 1977, die im gleichen Jahr in München uraufgeführt wurden. Als pädagogisches Klavierwerk für die Tochter komponiert, zeigt es bei leichtem Schwierigkeitsgrad in beiden Parts dennoch das ganze kompositorische Potenzial des Autors. In tradierter Tempofolge langsam – schnell – langsam – schnell verbergen sich hinter den Satzüberschriften »Introduktion« – »Rondeau« – »Langsamer Walzer« – »Toccata« vier launige und unterhaltsame Charakterstücke.

Sowohl harmonisch wie melodisch dokumentieren sie Meinrad Schmitts sprachliche Idiomatik: Zu Beginn der »Introduktion« entfaltet sich im Secondo-Part ganz im Geiste der Dodekaphonie ein melodischer Zug, ohne dabei orthodox zwölftönig sein zu wollen. Bei freier Möglichkeit, bereits erklungene Töne nochmals innerhalb eines Reihenablaufs zu verwenden (h erscheint in Takt 5 nochmals, obwohl die Reihe noch nicht komplett ist; c tritt unmittelbar nach c-h ein zweites Mal auf), offeriert die erste achttaktige Phrase einen klaren zwölftönigen Verlauf. Unter Verzicht des strengen Regelwerks gelingt es dem Komponisten, ganz der melodischen Intention zu folgen, die mitunter die Gewichtung von einzelnen Tönen, gewissermaßen die Tonalisierung der Melodik erlaubt und sich dem akribischen Regeldiktat verweigert. Begleitet wird die Melodie von statischen Akkorden mit diametral dazu gestelltem Tonmaterial. Es gibt also kaum Überlappungspunkte oder besser: gemeinsame Töne zwischen Begleitung und Melodie.

Raffiniert ausgehört wirken die Begleitakkorde: ein cis-Moll- und ein D-Dur-Akkord in der rechten Hand werden durch dazugehörige chromatische Nebentöne im Bassregister angereichert. G als Nebenton zu gis, f als Nebenton zu e beziehungsweise b als ajoutierter Nebenton zu a und e als ganztönige Ergänzung zur Großterz d-fis. In ihrer Struktur könnten sie auch Bestandteil im Kontext der Jazzharmonik sein; insbesondere der zweite Akkord mit seinem *voicing* gehört in den Bereich der *upper-structure*-Akkorde. Würde man im ersten Akkord das g durch h ersetzen, erhielte man gleichfalls einen Klang, der über einem Tritonus-Intervall errichtet ist. Die beiden nachfolgenden Klänge zeigen jedoch wieder eine sehr individuelle Ausprägung, die keine Anlehnung an »jazzige« Klänge erkennen lassen:

Notenbeispiel 6: »Miniaturen«: »Introduktion«.

Ab Takt 19 türmen sich kleine Cluster auf. Exakt gespiegelt in Sekundschritten entfalten sich diese im Primo-Part bis zur Sechsstimmigkeit, im Secondo-Part bis zur Neunstimmigkeit! Ein Wiederaufgriff des Anfangsgedanken beschließt reminiszierend die 30-taktige Miniatur.

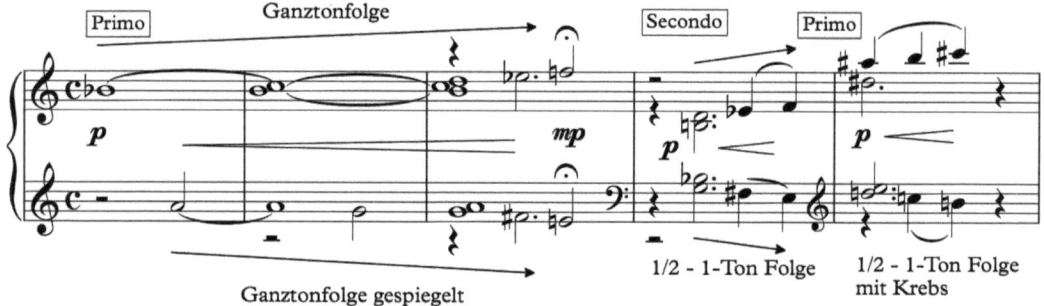

Notenbeispiel 7: »Miniaturen«: »Introduktion«.

Auf ein »Rondeau«, dessen Refrainmotiv als eine subtil-ironische Anspielung auf das französische Volkslied »Sur le pont d'Avignon« gehört werden will und im Wechsel mit anderen thematischen Gedanken (Couplets) zu einer dreiteilige Reprisenform anwächst, folgt ein ruhig-melancholischer langsamer Walzer im transparenten zwölftönigen Habitus. Schon in der viertaktigen Einleitung, der mit dem typischen Bassvorschlag und dem dazugehörigen Akkordnachschlag Walzeranklänge evoziert, präsentiert sich die zugrundeliegende Reihe. Der zweite Spieler trägt die zunächst um einen Halbton abwärts transponierte Reihe in Oktaven in kleinen melodischen Bögen vor, gepaart mit einer quasi ostinaten Walzerbegleitung, die sich metrisch und teilweise akkordisch variabel immer wieder neu überraschend platziert. Auf imaginärer Ebene scheinen sich die häufigen Basstöne h und f als tonale Pole einer zeitweiligen H-Tonalität wie Tonika und Dominate zu entpuppen, während dazwischen, gespeist aus der Reihe, verhaltene atonale Passagen ihren eigenen Charme entfalten.

Notenbeispiel 8: »Miniaturen«: 3. Satz, »Langsamer Walzer«.

Wie das Notenbeispiel zeigt, geht Schmitt mit der Reihenbildung in gleicher Weise streng und zugunsten eines melodischen Variantenreichtums frei mit den Reihenstrukturen um. So ist beispielsweise die Schlussfigur in Takt 9 ein freier kadenzieller Appendix, da das h im Vortakt schon erklang; zudem ist es aber auch die Brücke zu einer neuen melodischen Variante, die nun auf h ansetzt und mit dem gleichzeitig erklingenden ais (= b) an den ersten Reihenablauf von b aus verweist.

Stärkere tonale Zentrierung erfährt die abschließende Toccata mittels der für solche Stücke charakteristischen Repetitionsfiguren. Deutlich wird zu Beginn im Bass- und Diskantregister as als Zentralton exponiert, der ab Takt 12ff.

durch des beziehungsweise es ersetzt wird und somit alle drei kadenziellen Hauptstufen als eine As-Tonalität determiniert.

Ab Takt 17 etabliert sich im Bass ein Ostinato über dem in gleicher Motorik nunmehr cis und fis als Protagonisten agieren. Nach einem kurzen zweiten Abschnitt, der im Primo-Part lediglich mit zwei Akkorden eines siebentönigen Feldes gestützt wird – gleichsam einem »eingefrorenen« *Ostinato* – über dem sich ungebrochen Varianten der Toccaten-Figuration fortspinnen, folgt über ein *Da Capo al Fine* die exakte Wiederholung des ersten Teils und damit die Abrundung zur dreiteiligen Form.

Mit diesen »Miniaturen« ist es Schmitt vorbildlich gelungen, Klaviermusik für Anfänger zu schreiben – der häufig unisono-geführte oder zweistimmig ausgeführte Secondo-Part verweist eindeutig auf klassische Vorbilder der Unterrichtsliteratur –, ohne dabei anspruchsvolles Komponieren mit der notwendigen Portion Kalkül außer Acht zu lassen. Man wünscht diesen »Kleinigkeiten« mehr Verwendung im Unterricht und beispielsweise bei »Jugend musiziert« häufigere Bühnenpräsenz!

»Quadrifoglio« (1975) – Klaviertrio (1977) – Klavierquartett (1982)

In direkter stilistischer Nachbarschaft stehen die 1975 geschriebenen und in New York uraufgeführten vier melodisch profilierten Stücke für Klarinette und Violoncello unter dem Titel »Quadrifoglio« und das 1977 komponierte »Trio für Violine, Violoncello und Klavier«, die, wie schon die zuvor angesprochenen »Miniaturen«, in der Reihe »hausmusik« im Möseler Verlag erschienen sind.

Besonders die vier Sätze von »Quadrifoglio« vermögen einen deutlichen Eindruck für Meinrad Schmitts Projektion mehr oder weniger strenger zwölftöniger Schreibweise ausschließlich auf den melodischen Parameter zu vermitteln, um im harmonischen Sektor freiere, »aus dem Bauch heraus« empfundene Prinzipien damit zu verbinden.

Solistisch spinnt die Klarinette in der »Fantasietta« einen melodischen Faden, dem das dodekaphone Modiprinzip unterliegt. Aus einem leichten Tremolo anwachsend und einer daraus hervorschnellenden 32tel-Figur ins Clarinoregister schickt die Klarinette gleichsam vordersatzartig eine über beinahe 3 Oktaven umspannende, nunmehr in ruhigen Achteln geführte melodische Idee voraus, welche ab Takt 6 nachsatzartig im Cello beantwortet wird, um ab Takt 11 erstmalig mit der Klarinette zum Duett zu verschmelzen.

Die zugrundeliegende Reihe für alle vier Sätze lautet:

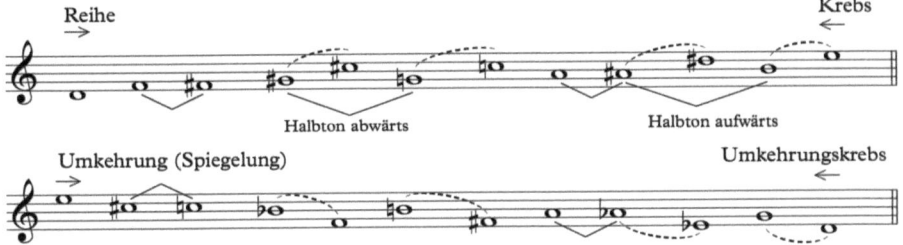

Notenbeispiel 9: »Quadrifoglio«: Modiübersicht.

Während die Passage bis Takt 4 (erste Hälfte) reihengetreu abläuft, erlaubt sich der Komponist in der Folge Freiheiten im Ablauf der Tonfolge. Tonumstellun-

Notenbeispiel 10: »Quadrifoglio«: Beginn der »Fantasietta« (klingend notiert).

gen, Auslassungen, frühzeitige Wiederholungen etc. folgen einem subjektiv geleiteten und spontaner Eingebung gehorchenden Schöpfungsprozess. All dies geschieht – wie Notenbeispiel 10 zeigt – zugunsten motivischer Korrespondenzen, der Empfindung regulativen Ausdruck zu verleihen, formal gliedernd einzugreifen (so in Takt 9–10 im Violoncello, wo aufgrund gehäufelter Quart-Quint-Verbindungen ein kadenzieller Eindruck forciert wird) oder zugunsten diastematischer Verläufe, welche nicht unmittelbar durch den Reihenablauf determiniert sind, so doch aber eine anders geartete Prägnanz in der Motiventwicklung ermöglichen wie zum Beispiel der Neuansatz in Takt 11ff. Wie das kommentierte Notenbeispiel 10 zeigt, ist jedoch die Reihe omnipräsent und die basale Konstituente des Schaffens in den 1970er- und 1980er-Jahren.

In gleicher Weise ist dies auch gut am Anfang der »Elegia« (3. Satz) nachzuvollziehen. Im Gegenzug zum 1. Satz eröffnet hier das Cello mit einer achttaktigen Kantilene, ehe sich die Klarinette dazu gesellt. Im Vergleich zur oben zitierten Reihe erkennt man die Umstellung der Töne 2 und 3, die zur Bildung einer Wechselnote notwendig erscheint. Gegen Ende der Melodie müsste der Regel entsprechend auf des-as noch a-d erscheinen, also eine chromatische Verschiebung der Quarte. Ein a fehlt, es folgt nur das d und auch die Klarinette liefert kein a nach. Neben einer Umstellung der Töne zusätzlich eine Auslassung.

Notenbeispiel 11: »Quadrifoglio«: Beginn der »Elegia«.

In dem zwei Jahre später entstandenen »Trio für Violine, Violoncello und Klavier« finden sich all diese Elemente in veränderter Besetzung. Eingeleitet von einer Introduktion folgen aufeinander vier Variationen, in denen sich mit der Tempofolge *Allegro molto* (1. Variation) – *Allegretto* (2. Variation) – *Commodo* (3. Variation) und einem finalen *Allegro molto* (4. Variation) eine klassisch-kammermusikalische Satzfolge widerspiegelt. Variiert werden nicht ein Thema im herkömmlichen Sinne sondern Gestaltungsformen der zugrundeliegenden Reihe, Strukturverläufe, Intervallkonstellationen, musikalische Satzgestaltung und so weiter. Einer traditionellen Faktur eines Eröffnungssatzes steht eine schmunzelnde Walzerparodie gegenüber; einem auf Klang hin orientierten *Commodo*-Abschnitt folgt ein mit typischer Sechzehntelmotorik durchzogener Kehraus.

Keimzelle des gesamten Werks ist eine Reihe, deren Entstehungsprozess in der Introduktion mit einfachen Mitteln und in völliger Transparenz hörbar gemacht wird. Auch hier verhindern eine starke Verwurzelung zum tradierten Handwerk und die Suche nach harmonischer Eigenständigkeit eine allzu starke Akademisierung der Schönberg'schen Methode. Sukzessiv werden nach mehrmaligem Wiederholen einzelner Töne ganz im Sinne klassischen Melodiebaus nach und nach weitere Töne eingebaut, die sich in Takt 4 zur kompletten Zwölftonreihe summieren (Notenbeispiel 12). Daran gekoppelt ist ein von der Subkontra-Oktave ausgehender und bis zum e^4 reichender Registeranstieg im Klavier, unterstützt von einem raschen dynamischen Anstieg. In Takt 5 greift das Violoncello die Reihe solistisch auf; die noch im Klaviersatz verschleierte Abfolge h-g-b-c-a-gis-cis-d-fis-dis-f-e tritt in dieser Phrase deutlich an die Oberfläche. Interessant ist der Umgang mit der Reihe – wie auch in anderen Stücken zu beobachten ist – in dreierlei Hinsicht:

a) Nach der Reihe in Grundgestalt schließt sich eine halbtönig nach unten, quasi leittönig versetzte Transposition im Violoncello an.
b) Die Ausgangszelle der Reihe mit der Folge h – g – b impliziert eine Art Doppelterzstruktur wie sie sich in einem durch die Bartók-Forschung belegten Derivats des sogenannten α-Akkords wiederfindet.[3]
c) Abweichend vom exakten Reihenablauf eröffnet das Klavier mit einer synkopischen Geste. Dem regulären g wird das »zu früh« erklingende a vorangestellt, um einem im Hintergrund wirkenden melodischen Stufengang zu implementieren. Ein erneutes Beispiel dafür, einer künstlerisch inspirierten inneren Stimme zu folgen, anstelle sich an strikt determiniertes Material bedingungslos zu fesseln.

Ähnliche Additionsverfahren kennzeichnen auch das 1. Klavierquartett aus dem Jahr 1982. Im introduktiven »Larghetto« baut sich nach und nach über einer silhouettenhaften Flageolettschicht, aus der sich ab Takt 5 ein Melos im Unisono hervorschält, ein filigranes, harfentypisches Klavierarpeggio auf. Sowohl mengenmäßigen, als auch tonhöhenbezogen nimmt die Anzahl der Töne zunächst zu (sechs, neun, zehn), um danach in fluktuierender Anzahl (neun, acht, zehn, sechs und so weiter), jedoch in dichterer Abfolge, in ausgedehnten Girlanden zu gipfeln. Choralartig folgt daraufhin ein ruhiger vierstimmiger Instrumentalsatz (Notenbeispiel 13).

---

3 Zsolt Gárdonyi, Hubert Nordhoff: Harmonik, Wolfenbüttel 1990, S. 180.

Notenbeispiel 12: »Trio« für Violone, Violoncello und Klavier: Beginn der »Introduktion«.

Notenbeispiel 13: »1. Klavierquartett«, »Larghetto«.

Rhythmisch crescendierend, vergleichbar einem »in Gang kommen«, gestaltet sich der 2. Satz *Animato* in additiver Weise. Über sieben Takte erstreckt sich eine erste Verdichtung zur Vierstimmigkeit mit allen Instrumenten, aus einem Ton gehen zwei, vier, fünf Töne und mehr hervor, bis zum chromatischen Total, dies gekoppelt an eine sukzessive Registererweiterung (Notenbeispiel 14).

Notenbeispiel 14: »1. Klavierquartett«, 2. Satz.

In klanglicher Hinsicht interessant ist die Phrase ab Takt 40 mit einem für Meinrad Schmitt typischen Akkordfundament im Klavier, über dem in luftig durchbrochenem Satz die drei Streicher einen weiten Bogen spannen. Im Akkordsatz treten Merkmale zu Tage, die analog zu Schönbergs atonaler Klanggestaltung gesehen werden können. Die eröffnenden Akkorde aus dem ersten Klavierstück aus op. 11 verkörpern diesen Umstand beispielhaft und erlauben parallele Sichtweisen zur Klangwelt Meinrad Schmitts. Trotz der dissonanten Septim in der linken Hand ist eine tonale, nicht aber tonikale Aura im Hintergrund wirksam. Nach dem ersten G7-Akkord mit ajoutierten Ges im Bass und gefolgt von einem zweideutigen Klang (entweder als A-Dur mit Vorhalt und dissonant nebenstehenden B im Bass beziehungsweise als b-Moll mit großer Septe deutbar) verharrt in Takt 4 die Episode in einem gleichfalls metrisch wie satztechnisch variabel positionierten Akkord mit G-Dur-Allusion und einem anhaftenden und tonalitätsauflösenden Gis im Bass.

Schematische Darstellung der Anfangsakkorde
von Schönbergs op.11/1

Notenbeispiel 15: »*1. Klavierquartett*«, *2. Satz, Takt 4.*

Stellt man nun den oben erwähnten harmonischen Ausschnitt der Schönbergschen Klangästhetik gegenüber, ist eine Koinzidenz nicht zu leugnen. Natürlich geht Schönberg – oder generell der stilistische Ansatz der Zweiten Wiener Schule – in anderen Werken über die oben sezierte Praxis hinaus und ebenso erzielt Schmitt für seine Arbeit erweiterte Klangresultate. Im Keim treffen sie jedoch aufeinander.

Zurück zum 2. Satz des »1. Klavierquartetts«. Am deutlichsten ist dieses Phänomen in Takt 43ff. zu fassen: in der rechten Hand d-Moll und h-Moll, vertraute Griffe der klassischen Literatur, von chromatisch nebenstehenden Tönen in der linken Hand klanglich angeraut. As und e zum d-Moll-Akkord, as und f zum h-Moll-Akkord. In Takt 45 wird ein C-Dur-Akkord von as und des »gestört«, der Folgeklang gänzlich mit einem inne liegenden verminderten Dreiklang als dissonanter Durchgangsklang wahrgenommen. Ziel der harmonischen Progression ist ein Quart-Akkord As-ces^1-f^1-b^1 (mit as-Moll-Ausrichtung), zu dem ein e in Tenorlage in Spannung steht. Hinzu kommen nun noch die Streicher, die in ihrem eigenen Satzgefüge teils Klangbestandteile des Klaviersatzes, teils klangfremde Melodietöne beisteuern, sodass insgesamt ein sehr dichtes Netz innerhalb wohl dosierter zehn Takte entsteht. Ab Takt 50 entschärft sich die harmonische Situation, die Klangdichte nimmt ab (Notenbeispiel 16).

Notenbeispiel 16: »1. Klavierquartett«, 2. Satz.

Aus den wenigen Eindrücken geht sehr anschaulich hervor, dass eine Zwölftonreihe prinzipiell als Materialgrundlage dient, eine strikte Tonabfolge aber in vielen Fällen einer chamäleonartigen Variabilität Platz macht. Thematisch-motivische Erfindungskraft, die für Schmitts Arbeit im Vordergrund steht, erlaubt kleine Reihenmanipulationen zugunsten melodischer Profilbildung, während umgekehrt die Reihe ihrerseits impulsgebend zum Nährboden für den Einfall, für die Idee werden kann. Dogmatisches und dem System genügendes Komponieren ständen einem stets natürlich-lebendigem Gestaltungswillen sehr im Wege. Gerade dies zeichnet Meinrad Schmitts Schaffen im Besonderen aus.

Werkverzeichnis

A. Instrumentalmusik

a) Orchesterwerke

Canzonaccia, Improvisation über einen alten Gassenhauer (1968) 13' UA 1972 – Regensburg	Orlando
Ikarus, Szene für Orchester (1969) 11' UA 1973 – Stuttgart	Orlando
H-A-D-Es, amythologisches Spiel für Orchester (1976) 12' UA 1976 – Augsburg	Orlando
Canto invitto (1979) 15' UA 1980 – Bozen	
Musica serena per orchestra a fiati (1986) 5' UA 1986 – Augsburg	Bayerischer Musikrat
Une promenade dans le ciel, Metamorphosen für Orchester nach Grandville (1987) 13' UA 1987 – Augsburg	
Im Zeichen der Venus, Reflexionen für großes Orchester (2003) 27' UA 2004 – Augsburg	
Commedianti, pezzi piccoli per orchestra (2004) 9' UA 2005 – Augsburg	
TABU, Vier Szenen für Kammerorchester (2008) 12' UA 2008 – München	

b) Instrumentalkonzerte

Kammerkonzert für Oboe, Horn, Fagott und Streicher (1974) 14' UA 1974 – Aschaffenburg	Orlando
Concertino für Harfe und Orchester (1980) 16'30" UA 1981 – München	
Refrain für Harfe und Streichorchester (1983) 8' UA 1983 – München	
Konzert für Harfe und Streichorchester (1983) 15' UA 1984 – Recklinghausen	Bote & Bock
Concertino notturno für Klarinette und Streichorchester (1985) 15' UA 1985 – Augsburg	
Konzert für Horn und Orchester (1996) 22' UA 1997 – München	
Konzert für Posaune, Alphorn und Orchester (2006) 28'30" UA 2007 – Augsburg	

Konzert für Posaune und Orchester (2006) 21'30"

Rota temporis, Konzert für Schlagzeug und Orchester über ein Kärntner Volkslied (2009) 22'
UA 2010 – Schwerin

c) Märchen mit bzw. über Musik

Crespino und König Tulipan oder Spaziergang mit Mozart für Klarinette, Sprecher und Orchester (1990) 25'
UA 1991 – Berlin

Der Turm des Aeolos für Sprecher, Orff-Gruppe und Orchester (1998) 25'30"
UA 1999 – Augsburg

Gaulimauli Stachelschwein, Mozartino für Sprecher, Orff-Gruppe, Orchester und Publikum (2005) 32'
UA 2006 – Augsburg

Der Nordwind und der Schmetterling für Sprecher, Orff-Gruppe und Harfe (2008) 12'
UA 2008 – München

Der Rubin für Sprecher, Orff-Gruppe, Orchester und Publikum (2009) 35'
UA 2009 – Augsburg

d) Kammermusik

1. Ein Instrument

Sonatine für Klavier (1957) 8'
UA 1958 – München

Vier Stücke für Oboe solo (1975) 9'
UA 1975 – Wasserburg am Inn

Divertissement für Schlagzeug solo (1977) 6' UA 1978 – München	MSA
Miniaturen für Klavier zu vier Händen (1977) 7' UA 1977 – München	Möseler
Moment musical für Harfe solo (1977) 8' UA 1977 – Schloss Burgfarrnbach	Musica per arpa
Rhapsodie für Harfe solo (1983) 5' UA 1988	Musica per arpa
Das Mahl der Harpyien, Konzertetüde für Harfe solo (1984) 6' UA 1984 – Nürnberg	Musica per arpa
3 Miniaturen für Harfe solo (1987) 3' UA 1987 – München	Merseburger

Suite für Klavier nach Jean-Baptiste Lully (1992) 8'

Orpheus, Fantasie für Harfe solo (1996) 7'30"
UA 1996 – München

Trifelium für Einfachpedalharfe (2009) 8'30"

2. Duos

Sonate für Violine und Klavier (1964) 13'
UA 1964 - München

Quadrifoglio, 4 Stücke für Klarinette und Violoncello (1975) 5'   Möseler
UA 1976 - New York

Duo für Harfe und Schlagzeug (1976) 10'   Musica per arpa
UA 1977 - München

TRAZOM für Violoncello und Klavier (1991) 6'30"
UA 1991 - München

Ottocentesco für Bassklarinette und Klavier (1992) 5'   TRIO
UA 1992

Quattro pezzi per oboe ed arpa (2003) 8'30"
UA 2003 - München

Prinzessin Turandot, sechs Miniaturen für Flöte (Oboe) und Marimbaphon (2007) 4'

3. Trios

Chorideon für Flöte, Violoncello und Klavier (1973) 10'
UA 1973 - Regensburg

Trio für Trompete, Posaune und Tuba (1975) 10'   Bote & Bock
UA 1975 - München

Trio für Violine, Violoncello und Klavier (1977) 3'   Möseler
UA 1977 - München

Fantasietta für drei Gitarren (1978) 3'30"   MSA

Canto mesto für Klarinette, Violoncello und Klavier (1980) 6'   MSA
UA 1981 - München

Ricordanze für Trio d'anches (1982) 10'
UA 1982 - München

Hoffmann-Fantasie für Flöte, Viola und Harfe (1982) 13'   Musica per arpa
UA 1982 - Springiersbach

Die Mondgondel für Klarinette, Viola und Violoncello (1983) 4'

Suite für Viola, Klavier und Schlagzeug (1987/88) 15'   MSA
UA 1988 - München

Discorso giocoso für Klarinette, Bassetthorn und Klavier (1989) 7'30"   TRIO
UA 1994 - Hamburg

La macchina innamorata für Violine, Violoncello und Klavier (1993) 4'30"
UA 1994 - Hamburg

Tschaikowsky-Paraphrase für Violine, Posaune und Klavier (2001) 13'30"
UA 2002 - München

Im Park, sechs Impressionen für 2 Flöten und Harfe (2002) 12'30"
UA 2003 - München

Trio appassionato für Klarinette, Marimbaphon und Kontrabass (2010) 6'30"
UA 2011 - Schwerin

Diletto musicale für Klarinette, Violoncello und Klavier (1989/2012) 9'30"
UA 2013 – München
Incontri allegri für Klarinette, Bratsche und Klavier (1989/2012) 9'30"
Gioco sereno für Klarinette, Fagott und Klavier (1989/2012) 9'30"
Zu Wasser zu Lande, Drei Gedichte von Rafael Alberti für Flöte, Oboe und Harfe (2014) 9'30"
UA 2015 – München
Balli di Sfessania, Suite nach Jacques Callot für Violine, Violoncello und Klavier (2015) 14'
UA 2015 – München

4. Quartette

Fantasia piccola für Streichquartett (1. Streichquartett), (1971) 8'   Bosse
Marler Kompositionspreis 1971

Klavierquartett (1982) 14'
UA 1983 – München

Molière-Musik für Fagott-Quartett (1992) 11'30"   Feja
UA 1994 – Berlin

Nordisches Lied, Reflexionen über ein Thema von Robert Schumann für Violoncello-
    Quartett (2001) 13'
UA 2002 – München

2. Streichquartett (2013) 13'
UA 2014 – München

5. Quintette und größere Besetzungen

Variationen über ein Renaissancethema, 1. Bläserquintett für Flöte, Oboe,
    Klarinette, Horn und Fagott (1960) 12'30"
UA und weitere Aufführungen seit Verlagsübernahme   Möseler

Souvenirs de Friedrich Kuhlau, 2. Bläserquintett für Flöte, Oboe, Klarinette,
    Horn und Fagott (1970) 14'
UA und weitere Aufführungen seit Verlagsübernahme   Möseler

Sextett für Flöte, Oboe, Klarinette, Horn und Fagott (1978) 13'   MSA
UA 1978 – München

Septett für Flöte, Klarinette, Harfe und Streichquartett (1978) 14'

Herbstmilch, 3. Bläserquintett für Flöte, Oboe, Klarinette, Horn
    und Fagott (1985) 15'
UA 1986 – München

Harfenquintett für Harfe und Streichquartett (1987/88)   Musica per
UA 1988 – Wasserburg am Inn   arpa

Verbotene Gärten für Klarinette und Klavierquartett (1996) 12'
UA 1997 – München

Elegie für Klarinette und Streichquartett (2006) 6'30"
UA 2006 – München

G – A – D – E, Fantasie für 11 Blechbläser und 4 Schlagzeuger (2011) 12'
UA 2012 – Berlin

e) Orgel und andere Instrumente

Jerusalem, Diptychon für Bratsche, Posaune und Orgel (2002) 11'
UA 2003 – München

In excelsis, Introduktion, Meditation und Choralvariationen für Orgel und Schlagwerk (2007) 16'
UA 2007 – Rotenburg

f) Orff-Orchester

Rondo festivo (1995) 8'
UA 1995 – Grundschule Adelzhausen

Rondo ballato (2002) 7'
UA 2002 – Grundschule Adelzhausen

Marsch (2003) 4'
UA 2003 – Grundschule Adelzhausen

Kyklodrom (2003) 7'
UA 2003 – Grundschule Adelzhausen

Siebenpunkt (2004) 6'
UA 2004 – Grundschule Adelzhausen

Die Schöpfung (2005) 14'
UA 2005 – Grundschule Adelzhausen

Pezzo due mani (2006) 6'
UA 2006 – Grundschule Adelzhausen

Krokus-Walzer (2011) 5'
UA 2011 – Grundschule Adelzhausen

Französischer Geschwindmarsch (2011) 4'
UA 2011 – Grundschule Adelzhausen

Windspiele (2012) 5'
UA 2012 – Grundschule Adelzhausen

B. Vokalmusik

a) Chorwerke

Anakreontika für gemischten Chor nach Gedichten von Eduard Mörike (1968) 8'
   1. Der Frühling, 2. Unnützer Reichtum, 3. Wechsellied beim Wein   MSA
UA 1969 – Bad Brückenau

Am Ende des Regenbogens, Kantate nach afro-amerikanischen Texten für gemischten
   Chor, Klavier vierhändig und Schlagwerk (1971) 20'   MSA
   1. Die Welt, die geboren wird, 2. `s gibt hungrige Leute, 3. Karussell,
   4. Bitterer Neger, 5. When Israel was in Egypt's land, 6. Am Ende des
   Regenbogens
UA 1971 – Bad Tölz

b) Solostimme oder Chor und Orchester

Am Fluss zu Sevilla, sieben Lieder für Sopran und Orchester nach Loge de Vega (1990) 15'30"
  1. Schönes Schiffchen, 2. Holla, mich trägt die Welle, 3. Lasst sanfte Wiesen,
  4. Am Fluss zu Sevilla, 5. Grüne Augen, 6. Wenn ihr euch trennt, 7. Unser Kind hier
UA 1990 – Augsburg

Pentathlon, Kantate für Sopran, Sprecher, Männerchor und Orchester (2003) 12'30"

Das Geheimnis von Colorito, 3 Gesänge für Kinder- und gemischten Chor,   Orff-Gruppe und Orchester (2000) 8'
  1. Siehst du Schatten kommen, 2. Abrako, 3. Regenbogen am Himmelszelt
UA 2000 – Augsburg

c) Sologesang mit Instrumenten

Sechs Lieder nach alten chinesischen Dichtern für Bariton und   MSA
Klavier (1966) 12'
  1. Melodie, 2. Das Mädchen, 3. Vielerlei Liebschaften, 4. Päonien, 5. Gesang der Sargträger, 6. Einsamer Trunk unter dem Mond
UA 1966 – Augsburg

Sonnengesang für Sopran und Orgel oder Klavier, Text: Franz von Assisi   MSA
(1977/1992) 8'30"
UA 1978 – Berlin

Incontro, Kammermusik für Sopran, Flöte, Klarinette und Schlagzeug,
  Text: Gaspara Stampa (1974) 11'
UA 1974 – Stuttgart

A Something in a Summer's Day für Bariton und Harfe, Text: Emily   Musica per arpa
Dickenson, Übertragung ins Deutsche: Meinrad Schmitt (1979) 14'
  1. Es treibt, 2. Leichtfüßig schritt ein Stern, 3. Sag, Juli, 4. Etwas an einem Sommertag, 5. Ich schlürfe niegebrauten Trank, 6. In ihren Alabasterkammern, 7. Da kam ein Wind
UA 1979 – Schloss Burgfarrnbach

Mamamuschi de Giordin, Szene für Sopran, Klarinette und Klavier, Text: Meinrad Schmitt (1999) 5'30"
UA 1999 – München

Am Fluss zu Sevilla, Klavierfassung der Orchesterlieder (s. b) Solostimme oder Chor und Orchester) (1990/2001) 15'30"
UA 2001 – München

DRINK TO ME ONLY With Thine Eyes, Liederzyklus nach englischen Barockgedichten für
  Mezzo-Sopran und Klavier (2005) 15'30"
  1. Heaven (George Herbert), 2. Nonsense (R. Corbett), 3. The Hour-Glass (Benn Jonson), 4. The Metamorphosis (John Suckling), 5. To Celia (Ben Jonson), 6. Nox Nocti Indicat Scientiam (William Habington), 7. Song (Owen Feltham)
UA 2005 – München

C. Bühnenwerke

a) Für professionelle Bühnen

Der Bär, Kammeroper, Text: frei nach Anton Cechov (1967) 35'

Ikarus, Ballett in einem Akt (1969) 25'

ADIEDI, Kammeroper, Text frei nach dem gleichnamigen Theaterstück von Jelena Kohout (1983/84) abendfüllend
UA 1995 – Regensburg

b) Für professionelle oder Amateurbühne bzw. Zusammenarbeit beider Gruppen

Faccanappa, Musikpantomime, Text: Meinrad Schmitt frei nach August von Kotzebue (1965) 20'   MSA
UA 1964 – Augsburg

Die Bettleroper für singende Schauspieler und kleines Instrumentalensemble, Text: Meinrad Schmitt frei nach John Gay (1978) abendfüllend
UA 1978 – Stadeltheater Landkreis Dillingen

Doctor Johann Faust, Theater mit Musik, Text: Meinrad Schmitt frei nach überlieferten Puppenspielen (1980) abendfüllend
UA 1980 – Stadeltheater Landkreis Dillingen

Legenda aurea, szenisches Oratorium zur Weihnachtszeit (1986) abendfüllend
UA 1986 – Wallfahrtskirche Maria Birnbaum (Sielenbach)

Colorito, ein KoKolorisches Kalaidoskopstück für Schauspieler, Kinder- und Kammerchor, Ballett, Orff-Gruppe und Orchester, Text: Sabine Schulz (2000) abendfüllend
UA 2000 – Augsburg

c) Jugendopern

Herr Peter Squenz, Text: Meinrad Schmitt frei nach Andreas Gryphius (1961) 60'   MSA
UA 1962 – Augsburg

Don Ranudo de Colibrados, Text: Meinrad Schmitt frei nach Ludvig Holberg und August Friedrich Ferdinand von Kotzebue (1962) 60'
UA 1963 – Augsburg

Der Spielhansl, Text: Meinrad Schmitt nach einem Märchen der Gebrüder Grimm (1964) 60'   Böhm & Sohn
UA 1965 – Augsburg

d) Kinderopern

Die chinesische Nachtigall, Text nach dem gleichnamigen Märchen von Hans Christian Andersen (1982) 50'
UA 1982 – Adelzhausen

Die Zaubergeige, Text: Meinrad Schmitt frei nach Franz von Pocci (1983) 60'
UA 1983 – Adelzhausen

Der verlorene Schuh, Text: Meinrad Schmitt frei nach Franz von Pocci (1984) 50'
UA 1984 – Adelzhausen

Das Kalte Herz, Text: Meinrad Schmitt frei nach Wilhelm Hauff (1992) 60'
UA 1992 (Adelzhausen)

e) Bühnenmusik

Das Salzburger Große Welttheater, 1. Fassung: Text Hugo von Hofmannsthal (1954)
UA 1994 – Wasserburg am Inn

Das Augsburger Weihnachtsspiel, Text: Arthur Maximilian Miller (1959)
UA 1959 – Augsburg

Kaiser Joseph und die Bahnwärterstochter, Text: Fritz von Herzmanovsky-Orlando (1975)
UA 1976 – Stadeltheater Landkreis Dillingen

Das Bärenfell, Text: Paul Willems (1983)
UA 1983 – Pegasus-Theater im Landkreis Aichach-Friedberg

Aucassin und Nicolette, Text: Tankred Dorst (1985)
UA 1985 – Pegasus-Theater im Landkreis Aichach-Friedberg

Der Talisman, Text: Johann Nestroy (1985)
UA 1985 – Pegasus-Theater im Landkreis Aichach-Friedberg

Der Kater, Text: Tankred Dorst (1987)
UA 1988 – Pegasus-Theater im Landkreis Aichach-Friedberg

Hin und Her, Text: Ödön von Horváth (1989)
UA 1989 – Stadeltheater Landkreis Dillingen

Joke, Text: Thornton Wilder (1989)
UA 1990 – Pegasus-Theater im Landkreis Aichach-Friedberg

Die gefesselte Phantasie, Text: Ferdinand Raimund (1991)
UA 1991 – Pegasus-Theater im Landkreis Aichach-Friedberg

Der Bürger als Edelmann, Text: Molière / Tankred Dorst (1992)
UA 1992 – Pegasus-Theater im Landkreis Aichach-Friedberg

Der nackte König, Text: Jewgenij Schwarz (1994)
UA 1994 – Pegasus-Theater im Landkreis Aichach-Friedberg

Das Gold von Bayern, Text: Reinhard Raffalt (1995)
UA 1995 – Pegasus-Theater im Landkreis Aichach-Friedberg

Der Drache, Text: Jewgenij Schwarz (1996)
UA 1996 – Pegasus-Theater im Landkreis Aichach-Friedberg

Das Atoll, Text: Maxim Farewell (1996)
UA 1997 – Pegasus-Theater im Landkreis Aichach-Friedberg

Der Verschwender, Text: Ferdinand Raimund (1998)
UA 1998 – Pegasus-Theater im Landkreis Aichach-Friedberg

Abadschidschi, Text: Carlo Goldoni / Meinrad Schmitt (1999)
UA 1999 – Pegasus-Theater im Landkreis Aichach-Friedberg

Lopes Traum, Text: Lope de Vega / Meinrad Schmitt (1999)
UA 2000 – Pegasus-Theater im Landkreis Aichach-Friedberg

Don Quixote, Text: Yves Jamiaque (2001)
UA 2001 – Pegasus-Theater im Landkreis Aichach-Friedberg

Das Wunder, Text: Jewgenij Schwarz (2003)
UA 2004 – Pegasus-Theater im Landkreis Aichach-Friedberg

Apoll von Nichts oder Exzellenzen ausstopfen, Text: Fritz von Herzmanovsky-Orlando / Meinrad Schmitt (2004)
UA 2004 – Stadeltheater Landkreis Dillingen

Der Widerspenstige Heilige, Text: Paul Vincent Carrol (2005)
UA 2005 – Pegasus-Theater im Landkreis Aichach-Friedberg

Das grüne Gespenst, Text: Tirso de Molina (2006)
UA 2006 – Pegasus-Theater im Landkreis Aichach-Friedberg

Turandot, Text: Wolfgang Hildesheimer (2007)
UA 2007 – Pegasus-Theater im Landkreis Aichach-Friedberg

Christoph Kolumbus, Text: Walter Hasenclever und Kurt Tucholsky (2008)
UA 2008 – Pegasus-Theater im Landkreis Aichach-Friedberg

Der Diamant des Geisterkönigs, Text: Ferdinand Raimund (2009)
UA 2009 – Pegasus-Theater im Landkreis Aichach-Friedberg

Wohnung zu vermieten, Text: Johann Nestroy (2009)
UA 2010 – Pegasus-Theater im Landkreis Aichach-Friedberg

A Kiss for Cinderella, Text: James Matthew Barrie / Michael Ritter (2011)
UA 2011 – Pegasus-Theater im Landkreis Aichach-Friedberg

Das Salzburger Große Welttheater, 2. Fassung, Text: Hugo von Hofmannsthal / lateinische Texte der katholischen Liturgie (2012)
UA 2012 – Pegasus-Theater im Landkreis Aichach-Friedberg

König für einen Tag, Text: Franz von Pocci / Wilfrid Grote / Dario Fo (2013)
UA 2013 – Pegasus-Theater im Landkreis Aichach-Friedberg

f) Bearbeitungen

Gift und Mitgift, textliche und musikalische Neufassung der Komischen Oper »Der Dorfbarbier« von Johann Schenk (1965)
UA 1966 – Augsburg

Nagerl und Handschuh, Text: Johann Nestroy (1977), Musik von Adolf Müller neu instrumentiert (1977)
UA 1977 – Adelzhausen

g) Filmmusik

Unterrichtsfilm »Erpressung und Schweigen« von Mechthild Gassner für das FWU (Institut für Film und Bild in Wissenschaft und Unterricht)

Verlage:
Sofern nicht anders angegeben, liegen die Werke in Manuskriptform vor.

Böhm & Sohn
Musikverlag Anton Böhm & Sohn, Augsburg

Bosse
Gustav Bosse Verlag, Regensburg

Bote & Bock
Bote & Bock Musikverlag, Berlin

Feja
Musik- und Buchverlag Feja, Berlin

Möseler
Karl Heinrich Möseler Verlag, Wolffenbüttel und Zürich

MSA
Manuskriptarchiv des Deutschen Tonkünstlerverbandes

Musica per arpa
Musica per arpa, Lauf

Musikrat

Orlando
Orlando Musikverlag, München

TRIO
TRIO Bläsermusik Edition, München

Diskografie

Am Ende des Regenbogens, Kantate für Jugendchor, Klavier und Schlagzeug (1971), erhältlich über Dr. R. Binder, 92449 Steinberg.

Meinrad Schmitt, »Im Zeichen der Venus«, Bamberger Symphoniker, Dirigent: Rudolf Piehlmayer, Bayerischer Rundfunk.

Trio Giocoso, Rudolf Piehlmayer (Klarinette), Otto Kronthaler (Bassethorn und Klarinette), Maria-Barbara Nytsch (Klavier); Meinrad Schmitt: »Discorso giocoso« (1991), ambitus (amb 97 875).

Klarinette light, Otto Kronthaler (Klarinetten), Maria Barbara Nytsch (Klavier); Meinrad Schmitt: »Ottocentesco«, ambitus (amb 97893)

La Chanson de Pan, Elisabeth Winzierl (Flöte), Edmund Wächter (Flöte), Marlis Neumann (Harfe); Meinrad Schmitt: »Im Park, sechs Impressionen« (2003) ambitus (amb 96 878).

Der Turm des Aeolos, Märchen über Musik für Sprecher, Orff-Gruppe und Orchester (erhältlich über E. Bersenkowitsch, Tel. 0821/21 91 513).

Meinrad Schmitt, Crespino und König Tulpan – Maurice Ravel, Ma Mère l'Oye, Otto Kronthaler (Solo-Klarinette), Katja Schild (Erzählerin), Philharmonisches Orchester Augsburg, Dirigent: Rudolf Piehlmayer (2003), Cavalli-Records.

Literaturverzeichnis (Auswahl)

A. Texte von Meinrad Schmitt

Meinrad Schmitt, Das Spiel in der Schule, München 1963.

Meinrad Schmitt, Im Gewächshaus. Gedanken über Arnold Schönbergs Liedzyklus »Das Buch der hängenden Gärten« op. 15 nach Stefan George, in: Programmbuch zur Festwoche der Hochschule für Musik in München zum Europäischen Jahr der Musik 1985.

B. Texte über Meinrad Schmitt

Dr. E. (Kürzel), Gryphius-Renaissance bei St. Stephan. Barockkomödie »Herr Peter Squenz« lieferte Stoff für moderne Schuloper, in: Augsburger Allgemeine, 5. März 1962.

Dr. E. (Kürzel), Flotter Stephaner-Fasching. Commedia dell'arte und Poccis »Zaubergeige« als neueste Bühnenattraktion, in: Augsburger Allgemeine, 3. Februar 1964.

G (Kürzel), Schwäbische Komponisten, in: Süddeutsche Zeitung, 27. Februar 1965.

pf. (Kürzel), Große Erfolge für kleine Mimen. Die Lindauer Spieltage der höheren Schulen Bayerns, in: Augsburger Allgemeine, 8. Juni 1965.

Walter Salomon, »Engagierte Musik« fordert die Gymnasiasten. Aufführung von Meinrad Schmitts Kantate »Am Endes des Regenbogens« setzt neue Maßstäbe, in: Münchner Merkur, 23. Juni 1971.

Karl Robert Danler, Musik in München, in: tz, 1. Juni 1975.

Fritz Schleicher, Markt der Musik, in: Nürnberger Nachrichten, 4. November 1976.

John Rockwell, Music: Kupferman's »Friends«, in: The New York Times, 1. Dezember 1976.

ski (Kürzel), Mr. Macheath im Stadel. Meinrad Schmitts Neufassung der »Bettleroper« in Unterthürheim, in: Donaukurier, 24. Juni 1978.

Ks (Kürzel), Gemischtwaren-Laden. Zum Kammerkonzert mit neuer Musik in der Rosenheimer Stadtgalerie, in: Oberbayerisches Volksblatt, 18. März 1980.

Karl Robert Brachtel, Ein Schritt zur Integration der Neuen Musik, in: Tölzer Kurier/ Münchner Merkur, 30. März 1981.

Heinz Wolfgang Hamann, »Don Juan«: Ein Fest der satten Farben, in: Marktredwitzer Tagblatt, 3. Februar 1982.

Anton Würz, Mit vierzig Stimmen und vier Saiten. Chorabend der Musica viva und der Cellist Yo Yo Ma, in: Bayerische Staatszeitung, 20. Mai 1983.

Karl Robert Danler, Vielerlei im Studio, in: nmz, Juni 1988.

Ferdinand Mahl, Jubiläumsgabe für eine Musikstadt. Meinrad Schmitts Harfenquintett bei Wasserburger Rathauskonzerten uraufgeführt, in: Wasserburger Zeitung, 11. Mai 1988.

Adolf Karl Gottwald, Auf dem Dorf Theater zwischen New York und Wien. »Pegasus« in Adelzhausen spielt Thornton Wilders »Joke«, nach Nestroys »Einen Jux will er sich machen«, in: Süddeutsche Zeitung, 3. Mai 1990.

lig. (Kürzel), Herr und Hund im Dialog. Regensburg spielt Meinrad Schmitts neue Oper »ADIEDI«, in: Augsburger Allgemeine, 28. Februar 1995.

Udo Schirmbeck, Kammeroper auf dem Haidplatz. Wenn der Adi mit dem Edi, in: Die Woche, 2. März 1995.

Ludwig Lutz, Sakrale Meditationen, in: Augsburger Allgemeine, 31. März 1995.

Manfred Engelhardt, Mit Elegie und Charme bis zum dadaistischen Schmerz, in: Augsburger Allgemeine, 21. Juni 2001.

L. L. (Kürzel), Märchen mit Mozart. Meinrad Schmitts Verwandlungskunst im Familienkonzert, in: Aichacher Zeitung, 13. Mai 2003.

Helmut Peters, Die Klassiker regieren das Kinderkonzert-Repertoire. Mancher Neuling ist aber ebenso hörenswert, in: Fono Forum, August 2004.

Thomas Gampl, In erster Linie Komponist, in: Donaukurier, 25. April 2005.

Niko Firnkees, Respekt des »Enkelschülers« gegenüber jeder Note, in: nmz, Dezember 2005, S. 51.

L. L. (Kürzel), Viel Spaß mit Papageno. Uniorchester spielt Mozartino, in: Aichacher Nachrichten, 8. Februar 2006.

Gerhard Dietel, Glut des Südens und Alpenglühen, in: Mittelbayerische Zeitung, 2009.

Eric Zwang-Eriksson, Gegen den bösen Zauber um die halbe Welt. Uraufführung Universitätsorchester und eine Orff-Kindergruppe spielen Meinrad Schmitt, in: Augsburger Allgemeine, 25. Juli 2009.

nsi (Kürzel), Meinrad Schmitt ist 75. Heute wird Meinrad Schmitt 75 Jahre alt. Der Professor ist im Wittelsbacher Land als Leiter des Pegasus-Theaters bekannt, in: Augsburger Allgemeine, 20. Dezember 2010.

Adolf Karl Gottwald, Tonaler Musik mit Phantasie Farbe abtrotzen, in: Süddeutsche Zeitung, 1990.

Gerlinde Drexler, Der freie Wille im Welttheater, in: Augsburger Allgemeine, 7. Mai 2012.

Gerlinde Drexer, Ein letzter Vorhang für Meinrad Schmitt, in: Augsburger Allgemeine, 25. Mai 2013.

Kristina Gerhard, Musikalische Poesie, in: nmz, Mai 2014.

Margarethe Kirchner, Musik verzaubert auch die Bösen, in: Mittelbayerische Zeitung, 15. März 2015.

Manfred Engelhardt, Moderne Wegmarken, in: Augsburger Allgemeine, 23. März 2015.

Über die Autoren

Helga Hofmann-Sieber
Helga Hofmann-Sieber (*1976 in Augsburg) studierte Biotechnologie in Freising und wurde 2008 in Regensburg promoviert. Sie arbeitet in der virologischen Grundlagenforschung am Heinrich-Pette-Institut in Hamburg und engagiert sich im Bereich der Wissenschaftskommunikation. Seit 1997 ist sie Mitglied beim Pegasus-Theater e. V. und spielte in den Jahren von 1997 bis 2007 in zahlreichen Stücken mit. Von 2008 bis 2013 unterstützte sie das Theater als Regieassistentin.

Franzpeter Messmer
Franzpeter Messmer (*1954 in Geislingen) studierte Musikwissenschaft, Kunstgeschichte und Germanistik an der Universität München, promovierte 1981 mit der Arbeit »Altdeutsche Liedkomposition«. Er arbeitet als Autor und Festivalleiter. Seit 1990 ist er Künstlerischer Leiter der »Landshuter Hofmusiktage – Europäisches Festival Alter Musik«. Er konzipierte und koordinierte für den Bayerischen Staat die Richard-Strauss-Jahre 1999 und 2014, das Werner-Egk-Jahr 2001 und das Karl-Amadeus-Hartmann-Jahr 2005. Er schrieb Biografien über Orlando di Lasso, Georg Friedrich Händel und Richard Strauss, die Kulturgeschichte »Musiker reisen« und die historischen Romane »Der Venusmann« und »Traumelexier«. Seit 2008 ist er Herausgeber von »Komponisten in Bayern«, seit 2009 1. Vorsitzender des Tonkünstlerverbandes Bayern.

Gabriele Puffer
Gabriele Puffer (*1969 in München) studierte Lehramt Musik und Informatik an der Hochschule für Musik in München und der Friedrich-Alexander-Universität Erlangen-Nürnberg. Parallel zur Schulmusik-Ausbildung absolvierte sie ein Magister- und Promotionsstudium in den Fächern Musikpädagogik, Musikwissenschaft und Psychologie an der Ludwig-Maximilians-Universität München. Bis 2006 war sie Lehrerin an einem Nürnberger Gymnasium, seit 2004 ist sie in der Musiklehrerausbildung tätig. 2006 wechselte sie an die Universität Regensburg und arbeitete dort unter anderem am »Regensburger Modell« zur Ausbildung von Gymnasialmusiklehrkräften mit. Derzeit ist sie wissenschaftliche Mitarbeiterin am Lehrstuhl für Musikpädagogik der Universität Augsburg. Ihr besonderes Interesse gilt Fragen schulischer Vokaldidaktik und methodischen Zugängen zu einem gleichermaßen verständigen wie sinnlich-genussorientierten Erleben von Musik.

Peter Wittrich

Peter Wittrich (*1959 in Freising) studierte an der staatlichen Hochschule für Musik in München Schulmusik. Außerdem absolvierte er dort ein Kompositionsstudium bei Prof. Dieter Acker, das er 1987 mit dem Künstlerischen Diplom mit Auszeichnung abschloss. 1978 besuchte er die Meisterklasse Komposition. Nach anfänglicher Gymnasialtätigkeit ist er seit 1989 hauptamtlicher Dozent für Musiktheorie an der Münchner Musikhochschule, wo er ab 2003 eine Professur für Musiktheorie und schulpraktisches Klavierspiel erhielt. In den letzten Jahren wurde er von verschiedensten Preisgerichten insgesamt 15mal für seine Kompositionen ausgezeichnet. Er ist Leiter des Ensembles »Peter Wittrich x-tett«, das seine geistlichen (zum Beispiel »Adventsoratorium«, »Missa in blue«) und profanen Kompositionen, zum Teil mit volksmusikalischen Wurzeln, sowie außergewöhnliche Arrangements klassischer Werke in vorbildloser Besetzung zur Aufführung bringt.

Personenregister

Adorno, Theodor W. 28
Airainer, Hans 52
Alberti, Raphael 30
Andersen, Christian 65
Assisi, Franz von 37, 76

Bach, Johann Sebastian 11, 48, 54, 76
Barrie, John Matthew 37, 61
Bartók, Béla 13, 29, 48, 90, 114, 147
Baselitz, Georg B. 29
Beethoven, Ludwig van 16, 33, 130
Berg, Alban 14, 69
Bialas, Günter 26
Blacher, Boris 33
Britten, Benjamin 49, 70, 130
Bruegel, Pieter d. Ä. 17
Busoni, Ferruccio 29

Celan, Paul 88
Chopin, Frédéric 92
Corbett, Richard 88

Dahl, Roald 78
Danler, Karl-Robert 28
Dickinson, Emily 87ff.
Dorst, Tankred 38, 64

Egk, Werner 12, 167
Eich, Günter 13, 26
Ende, Michael 13
Fibonacci, Leonardo 90

Fo, Dario 42f.
Foremny, Matthias 60
Fraguela, Gino 19, 59

Galgoczi Sandor 61
Gay, John 72

Genzmer, Harald 7, 13ff., 25ff., 111, 114, 128ff.
Goethe, Johann Wolfgang von 11, 73
Goller, Vinzenz 11
Grote, Wilfrid 19, 22, 29, 42f., 68, 78, 81
Gruber, Josef 11
Gryphius, Andreas 67
Gschwendtner, Hermann 18

Han, Dong-Ae 61
Hartmann, Karl Amadeus 14, 167
Hauff, Wilhelm 65
Hindemith, Paul 14, 25f., 29, 47, 111, 114, 130
Hoffmannsthal, Hugo von 10, 25, 64
Hölderlin, Friedrich 88
Honegger, Arthur 31, 34
Huber, Heinrich 11

Jacobi, Wolfgang 28
Jelinek, Hans 26
Jonson, Ben 88

Kafka, Franz 88
Kandinsky, Wassily 80
Keller, Erich 14
Klee, Paul 80
Klein, Fritz Heinrich 96
Klepper, Egino 59
Klett, Arnulf 54
Klier, Johannes 61
Kohout, Jelena 17, 33, 81, 86
Korn, Peter Jona 25f.
Krenek, Ernst 45f.
Kübler, Gunhild 87f.
Kuhlau, Friedrich 16f., 133, 157

Lortzing, Albert 10
Lothar, Mark 7, 14f., 25, 27, 66, 115, 119
Lüpertz, Markus 117-121
Mamangakis, Nikos 26

Mechler-Schmitt, Renate 19, 35, 44, 56, 60, 63f.
Messiaen, Olivier 11f., 128
Metz, Christine 42f.
Molcho, Samy 17
Mörike, Eduard 12, 111
Mozart, Wolfgang Amadeus 16, 19, 28f., 31, 33, 49, 130, 150
Musil, Robert 13
Mussorgsky, Modest 11

Nestroy, Johann 38, 55, 64

Obermayer, Klaus 55
Orff, Carl 26, 34, 48f., 114

Palm, Erwin Walter 100
Pembaur, Karl 11
Piehlmayer, Rudolf 59
Pletschacher, Daniela 61
Pocci, Franz 42, 65
Prokofjew, Sergei Sergejewitsch 49

Reger, Max 30f.
Reichling, Therese 18, 45
Richter, Gerhard 29

Schmitt-Kugler, Uta 23, 58
Schmitt, Alfons 9, 51
Schmitt, Betty 9, 51
Schmitt, Leo 9-12, 22, 42, 51f., 62, 90
Schmitt, Markus, 23
Schulz, Sabine 78
Schumann, Karl 27
Schwarz, Elisabeth 14
Schwarz, Jewgenji 41f.
Stampa, Gaspara 88, 110
Strauss, Richard 16, 167
Strawinsky, Igor 11, 13f., 29, 31, 47, 119

Toriser, Reinhard 60
Tschechow, Anton 81

Veerhoff, Carlos H. 56
Vega, Lope de 42, 100, 110
Verdi, Giuseppe 24, 34
Voragine, Jacobus de 36, 76

Webern, Anton 90
Willem, Paul 36

Yun, I-Sang 33

Zangl, Joseph Gregor 11
Zimmermann, Bernd Alois 14, 90
Zoff, Jutta 55

Band 58 der Reihe »Komponisten in Bayern«:
HELMUT BIELER

Helmut Bieler zählt zweifelsohne zu den experimentierfreudigsten Komponisten des 20. und angehenden 21. Jahrhunderts. Zugleich ist er einer der Sensibelsten unter den Modernen und er orientiert sich nicht an vorgegebenen Reihensystemen, sondern entwickelte seine eigene Tonsprache und -ordnung. Im Kopf beginnen seine Kompositionen, die er dann auf ein Notenpapier abschreibt und die schließlich einem prüfenden Blick an der Klaviatur unterzogen werden. Stets authentisch und berührend komponieren, ist sein Ziel. Sein Œuvre umfasst im Jahr 2015 mehr als 100 Werke, darunter zwei Bühnenwerke und vier großbesetzte Werke für Chor, Solisten und Orchester. Ein Großteil der Kompositionen greift auf ein oder zwei Tasteninstrumente zurück, worin Bielers Profession als Pianist und Kammermusiker deutlich wird. Er kann auf eine umfassende Konzerttätigkeit blicken, die sich zum einen in der Gründung des Ensembles Musica Viva Bayreuth widerspiegelt, sich zum anderen in seiner steten Vermittlung des klassischen wie zeitgenössischen Repertoires zeigt. Diese Vermittlung war ihm stets wichtig und er konnte in seiner langjährigen Funktion als Professor für Musikdidaktik an der Universität Bayreuth und Leiter des Universitätschors sein Wissen an die Nachwuchsgeneration weitergeben.

140 S., Paperback, ISBN 978-3-86906-765-0

Jahrbuch der Gesellschaft für Bayerische Musikgeschichte e. V.

Gesellschaft für Bayerische Musikgeschichte e. V. (Hg.)
Musik in Bayern. Band 78. Jahrgang 2013

Die Erforschung der Musikgeschichte in Bayern ist das Hauptanliegen der Reihe Musik in Bayern, die von der Gesellschaft für Bayerische Musikgeschichte e. V. herausgegeben wird. Inhaltlich zeigt sich in den Jahrbüchern eine thematische Vielfalt, die über rein regional-historische Forschung hinausweist. Musik in Bayern veröffentlicht Beiträge zur Musikgeschichte und musikalischen Denkmalpflege in Bayern. Neben musikhistorischen Themen werden regelmäßig auch zeitgenössische Komponisten mit ihrem Werk vorgestellt. Jedes Heft enthält ferner eine Sektion »Neue Orgeln in Bayern« sowie Rezensionen zu neu erschienenen Büchern und Tonträgern.

192 S., Klappenbroschur, ISBN 978-3-86906-776-6